汉字好好玩②

The Fun in Learning Chinese Characters

有画面 · 有知识 · 有故事 · 有历史

张宏如 ◎ 著

中国致公出版社
——China Zhigong Press——

作者序

　　《汉字好好玩》是一系列画中有字、字中有画的汉字图书，它打破了传统一笔一画学习汉字的方式，改用一幅幅的画作来介绍汉字。内容中的汉字画作看似简单，其实花费了相当多的力气，构图才得以完成。光是第一幅汉字脸谱的创作，从起心动念那一刻起，到作者自己涂鸦式地试画，就耗时近一年之久。创作之初，我常常在公园的泥土上、石板上、树干上画字，假装自己回到了原始时代，在洞穴石壁上画着今天捕了几头野兽，抓了几条鱼，借以揣摩人类老祖宗造字的初衷，于是有所感悟——原来文字还没有发展成形时，人们是用一些简单的线条图画来沟通记录。至于怎么画，如何画，画什么，若能重新体会象形文字，就能发现这里头暗藏着中国文字创始的密码。

　　本书能完成，首先必须感谢我的先生，背后给予我默默的支持与鼓励，也时常给予我宝贵的意见。没有他的协助，这本书可能还要很久很久以后才能问世。

　　另外，我还要特别感谢帮忙画图的曾诗怡小姐，我最初尝试自己画图，不过效果并不理想，所幸曾小姐总能抓住我所要表达的意境，着实为本书增色不少。

推荐序

　　近年来，中国风方兴未艾，带动了全球学习中文的热潮。一时之间，长相方正、有如豆腐块的汉字，因其无可取代的文化元素，以及深具东方神秘色彩的魅惑威力，业已征服不少欧美人士。在其影响下的部分国家的教育当局相继将中文列为中学生必修的第二外语。而且，随着中国经济对全球的影响程度日渐加深，人们学习中文的热潮俨然有变成全球运动的趋势。

　　如世人所尽知，汉字是目前世上仅存的还在大量使用的表意文字。它的最大特色，是以象征性的符号表示意义。即使部分形声字具有音符的作用，大多还是兼有表意的功能。由于人的左脑偏重逻辑思考与分析，而右脑则掌管如企划力、创造力与想象力等图像化机能，因此在相关研究中，学习汉字可以开发智慧、增进联想能力。有人甚至认为，随着人类现代化的发展，汉字所独有的图像特征，因为具备了智能化的倾向与视听识别的优越性，会展现出更强大的生命力。

　　从人文科学的学术研究领域来看，20世纪已经经历了一系列的转向，包括语言转向、解释转向、后现代转向与文化转向等等。而在21世纪刚开始的短短十年里，由于多媒体技术的日新月异，在文化转向的潮流里，相对其他文化而言，视觉文化似乎又有异军突起的趋势。我们所生活的世界，终日被灿烂到足以令人眩晕的各种视觉效果包围着。因而，有人宣称现今的经济是"眼球经济"，能抓住消费者的眼球，即能创造出巨大的商机。

千禧年这股迎面而来的视觉浪潮，不禁让人想起我国文字的发明者仓颉拥有四只眼睛的传说故事。他在观察天地万物之后，即根据山川、草木与鸟兽的各种形状，创造出深具图像意味的汉字。由于这是一件惊天动地的创举，还因此引发了一场"天雨粟，鬼夜哭"的异象。如果进一步将仓颉的四眼神通与当今的视觉浪潮相联系，无论是面对源自天地万物的自然之理，还是面对多媒体的科技产品，已经在人类文明蹒跚于途了数千年的汉字，在全球学习中文的热潮里，将持续展现它无比强大的生命力，应是一件可以预见的事。

　　闻张宏如女士写就《汉字好好玩》一书，本人拜读后，正符合上述所言，即从图像化的角度解释汉字所表示意义的原理，凸显汉字造字之初与当今时代潮流趋于视觉转向的发展脉络，因此乐见该书出版，并予以郑重推荐，是为序！

育达商业科技大学　应用中文系

副教授兼系主任

2010 年 11 月 25 日

目 录

本书特色

特色一　画中有字，字中有画

　　本书最大的特色就是每幅图画中都包含着好几个汉字，而每个字的形象就是其事物本身的形象，每一幅图所要表达的意境也是由这一组相关的文字结集而成的。若说本书对于汉字有何贡献，或许最大的价值就在于还原真实情况，让文字回到属于它自己的位置——两千年来并没有人尝试如此做法。自许慎的说文解字之后，文字学者在解说文字时，常会利用甲骨文、金文、篆文等图像加以说明文字的起源或演变过程。随着古文物的陆续出土，加上影像科技的发达，近代的文字学者常常利用图片来辅助说明汉字的成因。这样的做法固然有助于学习者对汉字的体会与了解，但作者认为这样的做法并不够完美，因为老祖先造字的灵感既然取之于大自然，我们理当回到大自然之中去重新看待汉字。本书以不同的视野与角度认识汉字，并结合图形、书法、艺术、美学、文字学、哲学等概念，特别提出了一套汉字画的学习方法。

特色二　快速学习汉字的新方法

　　现在书店中有很多介绍汉字字源的书，由单一字源重新认识，一天学两三个字，学成二千五百个常用字，大概也要花个五六年的时间。作者认为，若能将文字图像化，通过图像来记忆学习，应该是最快最有效的方式。通过书中的画作，可以清楚明了画的含义、字的意义；每幅图画中至少包括三个字以上，有效地学习基本文字后，接下来只是组合字的问题，借由不同部首或字源之间的组合，又可以创造出不同的文字与意义。《汉字好好玩》系列书七十五幅图中，总共包含500多个汉字，让有意学习汉字的人可以通过影像记忆，在最短的时间内认识最多的汉字。

如何阅读本书

每幅汉字画以三个步骤进行

首先，说明与每个主题古文字相关的文化意涵。

其次，每幅图以左右跨页的方式呈现，通过简单的汉字画之内容描述，让读者感受画作本身之意境。

最后，将图内的古文字标示出来，让读者清楚比较古今文字之间的关系，并介绍每个字的字义与字形。

作者相信，用欣赏画作的角度来学汉字，会是件既浪漫又有趣的事。

特别说明

首先，文中"说文解字"下方的古文字乃是甲骨文、金文、篆文等穿插使用，而图1、图2……说明方式则是为了使汉字学习者可以了解图形之间的变化与差异，因此，图与图之间并没有时间先后的问题。

其次，字形说明部分，作者系以仰视、直视、俯视及透视四种造字角度来分析汉字的形成。仰视造字，必须仰起头来观察，如日、月、星、晶等字；直视造字，只要平视即可，如禾、木、工、弓等字；俯视造字，必须从高处往下看，才能掌握事物的整体样貌，如田、川、州等字；透视造字，如身的古字 画出人肚子隆起的样子，"一点"代表肚子里的胎儿。

本文希望通过图形与汉字的造字角度分析，帮助读者在最短的时间内了解汉字、认识汉字，轻轻松松学汉字；并通过不断重复的图像学习，让所有汉字学习者都能感受到汉字学习真的好好玩。

汉字的图像思维

相较于西方的拼音文字，中国的文字被视为拼形文字，又称为象形文字或方块文字；不过，自从隶书定型之后，很多文字就已经脱离象形，被归类为指事、形声或其他类别。传统文字学是以东汉许慎所提到的六书为依归。所谓六书，是指"象形、指事、形声、会意、转注、假借"六种造字方法。六书这个词最早见于《周礼》；东汉班固《汉书·艺文志》也曾提及六书，而班固所指的六书则是"象形、象事、象意、象声、转注、假借"。当时也有其他文字学者认为六书应该是"象形、会意、转注、处事、假借、谐声"，可见自东汉时期开始，学者对于六书的看法就颇为纷歧，只不过后世多采用许慎的分类作为中国文字的造字原则。

六书的讨论延续了两千年，直到清末民初文字学者唐兰提出三书说，他认为中国的造字原则应该可以归纳为象形、象意与形声这三种方式。唐兰强调象形、象意是上古时期的图画文字，形声文字则是近古时期的声符文字，这三类可以包括所有中国文字。从六书到三书，这是不同时代、不同文字学者对中国文字造字所提出的不同见解。

不论是许慎的六书还是唐兰的三书，目的都是为了说明中国文字的造字方法。而本文作者的创作动机，则是希望可以跳脱传统文字学的讨论方式，亦即只要可以用类似象形文字的方式呈现，不论它归属于许慎的指事、形声、会意、转注、假借，抑或唐兰的象意、形声，作者都将其统称为"类象形"。以"类象形"的概念重新看待中国的文字，回归象形文字的本质，以图像为出发点，让学习者可以充分感受到中国文字的形成与意境。把原本不是归类于象形系统的文字，以象形的手法来设计呈现，加深对中国文字的记忆，同时增加学习中国文字的趣味性。这就是本书提出"类象形"概念的最终目的。

《汉字好好玩》系列的七十五幅图画中，其中部分图片即是用"类象形"的概念进行创作。例如汉字画——城墙之象，城门上凹、凸的石块，凹与凸这两个字在传统文字学中并未被特别提到，但若将它重新设计一番，就成了标准的象形文字，读者可以通过图画感受到凹、凸这两个字的意义与意境。另外，汉字画——方位之象，船停泊在岸边、工人拉桅杆的设计，是为了介绍上、下、中、卡等几个字。若照许慎的解释："指事者，视而可识，察而见意，上、下是也。"上与下是指事类别的字，并不属于象形字，不过作者在此也是以类象形的手法将上与下两字设计于桅杆，通过一根桅杆可以轻易学习到上、下、中、卡这四个汉字。

本系列七十五幅图画创作多以象形文字为基础，少部分不属于象形文字的则以"类象形"的手法来处理，所以不能完全用传统文字学的角度观之，必须以艺术与美学的眼光来看待。作者极力推广的一个概念即是"画中有字，字中有画"。图与画是没有国界的，既然中国文字属于象形文字，也就是图画文字，学习中国文字应该不是件难事。许多外国人会认为中国字不易学习，其实问题就出在当今的文字教学强调一笔一画地写，辜负了象形文字所隐藏的艺术价值；外国人也只看到一个个的字，却没有看到它的艺术之美。作者希望借由本书的问世，改变未来汉字的学习方式，原来"学汉字就像在看画，写汉字像是在学画"，不论是华人或是非华人都能真正欣赏汉字之美，轻轻松松学习汉字。

汉字画一

年兽之象

汉字
好好玩

许多古老的民族都有动物崇拜，中国也不例外。在中国流传着许多动物崇拜的传说，最具代表性的就是龙与凤：在中国，龙代表天，皇帝自称真龙天子，皇帝的身体称为龙体，穿的衣服称为龙袍，戴的帽子称为龙冠，坐的椅子称为龙椅，只要是皇帝所使用的器具、衣物，都装饰有龙的图案。龙在不同的历史时期有不同的形象，我们今天看到的龙的样子最早见于宋人罗愿所著《尔雅翼·释龙》："角似鹿、头似驼、眼似兔、项似蛇、腹似蜃、鳞似鱼、爪似鹰、掌似虎、耳似牛。"数千年来，中国人一直以"龙的传人"自居。然而在殷商时期，人们认为他们的祖先是一种凤鸟，《诗经·商颂·玄鸟》中记述："天命玄鸟，降而生商。"殷商的后代认为自己的先祖

中国皇帝的龙袍，上面绣满了龙的图腾。

象征吉祥的结婚礼服，新郎穿着绣有龙图案的长袍，新娘头戴凤冠。

"契（xiè）"是由玄鸟生下来的，于是玄鸟就成了殷商人的始祖。有此一说，殷商时期的玄鸟就是凤凰，《尔雅·释鸟》中形容凤凰是鸡头、蛇颈、龟背、鱼尾、五彩色、高七尺。龙与凤这两种神话般的动物，虽然没有人看过它们真实的形体，却是中国人最为重视的吉祥动物。现在有许多人结婚时，男方穿的红袍上就绣上了龙的图腾，而新娘则是着凤冠霞帔，代表着龙凤呈祥。

数千年来，一直流传着龙与凤的图腾，还有一种被称为年的动物，其真实长相如何，人们众说纷纭，迄今仍是个谜。年兽与一个古老的传说有关。相传在古代，年兽是一种凶恶的野兽，每年到了农历十二月底便会出现，破坏屋舍，践踏农作物，还会伤人甚至吃人，所以每到农历年底，大家都很害

怕。后来有人无意间发现年兽害怕红色，也怕爆竹声，所以大家开始放鞭炮，穿红衣，门边贴红纸，想要用这种方式吓跑年兽，这便是中国重要的三大节庆之一春节的由来。

作者特别设计了这幅年兽的汉字画——这头年兽龇牙咧嘴，张牙舞爪，看起来有点可怕，却可以认识毛、骨、角、牙、齿等五个字。对古人而言，捕到一头野兽除了有肉可吃之外，野兽的牙、齿、角、骨、毛还有许多用途。毛的古字 毛 即画出毛竖起的样子；兽的毛皮可以拿来做成衣服，有很好的保暖效果。由动物毛皮制成的衣服，称为裘，最上等是貂皮、狐皮；次等的如羊皮、麂皮；最下等的就属狗皮与猪皮。上等貂皮御寒效果极佳，穿上貂皮站在风雪中，就如待在屋中一样暖和；次等羊皮又分为羔羊皮和老羊皮，羔羊皮轻且没有臊味，多用于大官的服装，而老羊气味臊，穷人穿的比较多；至于那些脚夫苦力们，他们穿的鞋子与靴子的材质大多是最下等的狗皮与猪皮。

角的古字 角 则是画出头顶坚硬的外形。在古时，兽角有很多用途，最常见的是作为号角使用，也可以当成杯子喝水、喝酒，或制成印章、梳子等日常生活用品；兽爪与兽的牙齿有时也被当成装饰品或磨成细细的针用来缝制衣物。

爪的古字 爪 就画出了尖锐的样子。

毛笔头就是用动物的毛制成。

牙齿是一组常用的词汇，但在古代牙与齿各有所指。牙的古字为 牙，许慎就解释为上下相交错的样子；齿的古字 齿 则是强调一排排齿的形状，可以磨碎食物。我们观察到，老虎捕捉猎物后，就是先用尖锐的牙咬住猎物撕扯，再用齿的部分慢慢咀嚼。

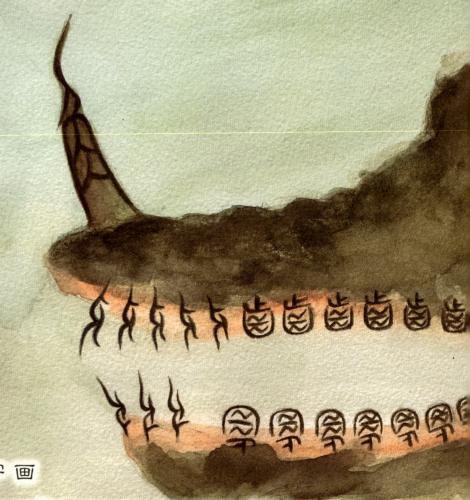

汉字画

　　一头毛（毛）茸茸的怪兽，露出尖锐的牙（牙）与齿（齿），鼻头上有个坚硬又怪异的角（角），伸出锐利的脚爪（爪），张牙舞爪地向人示威。

　　这幅图介绍了毛、爪、角（角）、牙、齿等。

繁体	简体	英文

yá

牙　　牙　　teeth

字义说明　牙齿，牙的功能是咬断食物；许慎强调，牙指的是上下牙相交错的
样子。与牙有关的字，有呀、芽、蚜等。

说文解字　"牡齿也，象上下相错之形。凡牙之属皆从牙。"

与　　与　　牙
图1　　图2　　图3

字形说明　采直视角度，取牙上下相交错之形造字。
画牙上下交错（图1）；演变至今，字形线条结构改变：图1、图
2→图3。

常用词汇　咬牙切齿　拾人牙慧　青面獠牙

繁体　简体　英文

jiǎo

角　角　horn

字义说明　动物头顶坚硬的骨骼，可以攻击或防御；许慎强调，角是象形文字。与角有关的字，有触、解等。

说文解字　"兽角也，象形，角与刀、鱼相似。凡角之属皆从角。"

图1　　图2　　图3　　图4

字形说明　采直视角度，取角骨之形。
画出角上尖下宽之形，中间线条代表角面上的纹路（图1）；演变至今，字形线条结构改变：图1、图2、图3→图4。

常用词汇　凤毛麟角　崭露头角　海角天涯

繁体　简体　英文

chǐ

齒　齿　back teeth

字义说明　齿位于口腔中后排，齿的功能用以咀嚼食物；许慎强调，齿就像是口腔中的骨头，属象形文字。与齿有关的字，有龈、龃、龄等。

说文解字　"口断骨也，象口齿之形，止声。凡齿之属皆从齿。"

图1　　图2　　图3　　图4

字形说明　采直视角度，取齿之形。
画出外部的口形，内部代表上下两排的齿（图1）；演变至今，字形结构改变：图1、图2、图3→图4，属上下结构。

常用词汇　唇亡齿寒　唇齿相依　伶牙俐齿

繁体　简体　英文

zhǎo/zhuǎ

爪　爪　claw

字义说明　鸟兽尖利的爪子；许慎解释，爪是象形字，像是手指往下准备抓取物品之形。与爪有关的字，有抓。作者在此将爪视为野兽的爪子，同时也有抓取的意思。

说文解字　"丮（𠬪）也，覆手曰爪，象形。凡爪之属皆从爪。"

丮　爪　爪

图1　　图2　　图3

字形说明　采直视角度，取鸟兽脚爪之形。
画出鸟兽尖锐的脚爪（图1）；演变至今，字形线条结构改变：
图1→图2、图3。

常用词汇　张牙舞爪　犬牙鹰爪　雪泥鸿爪

繁体	简体	英文
	máo	
毛	毛	hair

字义说明 毛发；许慎解释，眉毛、头发与动物的毛，属象形文字。与毛有关
的字，有尾、毫、毯、牦等。

说文解字 "毛，眉发之属及兽毛也，象形。凡毛之属皆从毛。"

$$屯 \quad \mathcal{F} \quad 毛$$

图1　　　图2　　　图3

字形说明 采直视角度，取毛发往外竖起的样子。
画出毛发竖起的样子（图1）；演变至今，字形线条结构改变：
图1、图2→图3。

常用词汇 毛骨悚然　不毛之地　毛手毛脚　一毛不拔　吹毛求疵

魚魚 魚及兔之駿皆銳角亦銳其上皆
作人 蓋象其銳也勿以爲人字 上
也左足也右 甲也下尾也 託何切古蛇字今
食象蛇 蟲也或曰 分蛇音食遮切
巴巴首

它宀 蛇也 詳里切

角肉 足 上象其尖下象
其體中象其理 肉 大戀也

段字 說文以爲意兼聲竊以爲象形
之狀也說
去毛曰革平張之狀也說 皮
文以爲意兼聲字似誤 毛

革革革革 皮
已

蝮蟲也銳首
蛇也 大腹籀文加
蝦蟇也 裁肉也裁

毛屯

番之
古文

《文字蒙求》中角、皮、毛的介绍。

《山海经》是一部
介绍神怪的古籍。

汉字画二

建筑之象

汉字
好好玩

原始人类最初是穴居，常与动物争洞穴来做栖身之处，后来演变为半穴居。最后人类懂得利用木头当支架，再覆盖上茅草，才有了属于自己的房子。

古字 个 画出屋架来代表房子，演变至今，则以"宀"表示屋顶。最初在屋架上铺上茅草用来防日晒雨淋，直到发现土的用途时才有了砖土房子。古时把刚捏成形尚未烧制的土制品称为坯；烧成的器物不管是何种形状都称为瓦。原本的茅草屋顶变成瓦制的屋顶，又称为屋瓦，古字 瓦 就像是瓦片相交叠的样子。制瓦技术至汉代已很发达，瓦有青瓦、木瓦、竹瓦、石瓦、筒瓦、金瓦、银瓦、铁瓦等材质；不同身份地位必须使用不同的屋瓦材料，皇宫是用黄色琉璃瓦，亲

用茅草搭成的屋顶。

用瓦片搭成的屋顶。

台北音乐厅是古代宫殿式的建筑，黄色屋瓦显得气势雄伟、金碧辉煌。

王郡王用的是绿色琉璃瓦，寺庙则以筒瓦为主，而一般居民多用青瓦，经由屋顶上的瓦可判断屋室主人的身份地位。有人

台北史博馆屋顶为绿色的屋瓦。

中正纪念堂屋顶为蓝色的屋瓦。

形容中国的建筑，就好像是一个人头上戴了顶官帽。屋顶就像顶官帽，官愈大，屋顶愈是华丽气派；屋瓦除了遮风挡雨的功能，还兼具了展示身份地位的功能。

另外，建筑的门与窗也可展现屋室主人的权力与地位。门的古字是画出两扇门，一般人家的门，在门板上画着门神；可是皇室贵族宅府的门上不是画门神，而是用门钉来装饰门面。门钉又称为门珠，与门神一样具有避邪效果，从门钉的数量就可以判断主人的地位；地位最高的是皇宫的宫门，一扇门上有九排各九个门钉，加起来一共是八十一颗。中国人讲求门当户对，男婚女嫁时都愿意找一门和自己社会地位、经济能力相当的亲家才能相匹配。

红色大门上门钉的排列数决定了屋室主人的身份地位。

户的古字则是画出半扇门。盖房子时，会在墙面开洞用木条做成窗，以利空气流通与阳光照射。古字就好像是在墙壁上开了一扇窗子，而王宫门第与豪门贵族屋室的窗子为了彰显尊贵，大都经过特别设计，常使用各种雕花作为装饰，具有很高的艺术价值。

汉字画

　　农村常见到木头、黄土砌成的房子（介），围墙由竹篱笆筑成，篱笆上搭了一扇大门（𦥑），房子正门上开了扇小门户（戶），屋顶铺上一层瓦（瓦）片，并架了个烟囱（囱），墙面上开了一扇窗（窗）。

　　通过这幅图画介绍了宀、门、户、瓦、囱、窗等。

繁体	简体	英文
門	门	door
	mén	

字义说明 房子进出的地方；许慎解释，门是由两个户所组成，属象形文字。
与门有关的字，有问、闻、开（開）、关（關）等。

说文解字 "門，闻也，从二户，象形。凡门之属皆从门。"

图1   图2   图3

字形说明 采直视角度，取门正面之形造字。
上面一横是门楣，两边是门柱，中间是门面（图1）；演变至今，
字形结构略有改变：图1、图2→图3，属单一结构。

常用词汇 门庭若市　门可罗雀　门当户对

繁体	简体	英文
瓦	wǎ 瓦	tile

字义说明 瓦片，由陶土或泥土烧成片状，铺在屋顶上；许慎解释，由泥土烧制的器物均称为瓦，属象形文字。与瓦有关的字，有瓶、瓮、瓷等。

说文解字 "土器已烧之总名，象形。凡瓦之属皆从瓦。"

图1　　　　图2　　　　图3

字形说明 采直视角度，取瓦片之形造字。
像两块瓦片相连的样子（图1、图2）；演变至今，字形线条结构略有改变：图1、图2→图3。

常用词汇 弄瓦之喜　土崩瓦解　片瓦无存

繁体	简体	英文
戶	hù 户	a household

字义说明 单扇门，现用于计算房子的单位；许慎解释，户是指一半的门，属象形文字。与户有关的字，有戾、泪（淚）、唳、扁、扉、扇、房、所等。

说文解字 "护也，半门曰户，象形。凡户之属皆从户。"

图1　　　　图2　　　　图3

字形说明 采直视角度造字，仅取一半的门形造字。
保留门上的门楣与门柱，以及中间的门面（图1）；演变至今，字形结构略有改变：图1、图2→图3。

常用词汇 挨家挨户　家喻户晓　自立门户

繁体	简体	英文
宀	mián 宀	roof

字义说明 屋顶；许慎解释，宀指有堂有室的房屋，象屋檐之形。现代汉语已不用，是一重要意符。与宀有关的字，有宅、定、家、官、富等。

说文解字 "交覆深屋也，象形。凡宀之属皆从宀。"

图1　　　图2

字形说明 采直视角度，取房屋侧面之形造字。
上半部是屋檐，两侧是柱子（图1）；演变至今，字形线条结构改变：图1→图2。

cōng

囪　囱　chimney

字义说明　烟囱，原本是指开在屋顶上的天窗，属象形文字。作者在此将它视
　　　　　　为烟囱的样子。

说文解字　"在墙曰牖（yǒu），在屋曰囱，象形。凡囱之属皆从囱。"

　　图1　　　图2　　　图3

字形说明　采仰视角度，取烟囱之外形造字。
　　　　　　画烟囱外围形状，中间是烟囱的示意（图1）；演变至今，字形结
　　　　　　构改变：图1、图2→图3。

常用词汇　烟囱

chuāng

窗　窗　window

字义说明　窗户，空气流通、光线照射的洞口；许慎解释，窗户设在不同的位
　　　　　　置有不同的名称，在屋身墙面的称为牖，若开在屋顶则称为囱，属
　　　　　　象形文字。

说文解字　"在墙曰牖，在屋曰囱，象形。"

　　囟　　　囱　　　窗

　　图1　　　图2　　　图3

字形说明　采仰视角度，取屋顶窗口之形造字。
　　　　　　画出屋顶简单的窗棂形状，上半部是屋顶形状，下半部是通风透光
　　　　　　的洞口（图1、图2）；演变至今，字形线条结构略有改变：图1、
　　　　　　图2→图3，属上下结构。

常用词汇　东窗事发　十年寒窗

汉字画二　建筑之象　**019**

《天工开物》造瓦。

《天工开物》泥造砖坯。

庭园之象

汉字好好玩

宋代诗词大家苏东坡曾说："可使食无肉，不可居无竹。无肉令人瘦，无竹令人俗。"可见竹子在中国文人心中有很高的地位。古代中国人喜欢在居家庭园种竹子，因为竹子不只是一种植物，更代表着一种气节和精神。文人雅士作画时，不管是花中四君子（梅、兰、竹、菊）还是岁寒三友（松、梅、竹），都少不了竹子，通过画竹子提醒自己，要时时保有竹子正直的气节。

竹子除了有精神象征的作用外，更是一项经济作物。家家户户庭院或屋外都会种竹子，有些地区从食、衣、住、行到育、乐都与竹子有关。这是因为竹子比较不受气候的影响，且生长速度快、弹性好、韧性佳，可以用来制作成各式各样的用品器具。

竹摇篮。

你可以想象一下，古人住在竹屋中，坐在竹椅上，用竹筷吃着竹笋，晚上睡觉躺在竹席上，手里拿着竹扇扇着风，多么地惬意。在盛产竹子的地区，白天男人头上戴着斗笠，手持竹竿，提着竹篓，搭着竹筏去捕鱼；女人则在家用竹扫把扫地，提着竹篮

竹筏。

摘菜，用竹炭煮饭烧菜，婴儿躺在竹摇椅上；小孩拿着毛笔在竹简上写字，有些孩子吹着竹笛，玩着竹枪。由此可见，古人对竹子的运用已超乎我们现代人的想象。

由竹竿搭成的瓜架下面，放着竹篮。

这幅庭园之象的汉字画中所介绍的竹、瓜、井、其等字，其实都与竹子有关。何以见得呢？虽然瓜的古字  就像在藤蔓上结的瓜果，不过，古人希望瓜果长得好，便会架上竹竿好让藤蔓可以沿着藤架生长，这样瓜果才能长得大又好。

藤架上的瓜已经到了可以采收的阶段。

"其"与"井"也与竹有关，其的古字 **其** 代表箕，是一种用竹子编织而成的竹篓；井的古字 **井** 原为井上的架子，通常也可以用竹子制作。简单来说，只要是竹子做成的，从字形就可以辨识出来：只要部首为"⺮"的，不用怀疑，一般都与竹子有关。

汉字画

　　一处宁静的庭园中，有一片小竹（竹）林，庭园里

有一口井（井），瓜藤顺着竹架生长，结了一个个的瓜

（瓜）果，妇人将采收的瓜果放在竹箕（其）里。

　　这幅图介绍了竹、井、瓜、其等。

繁体	简体	英文

其　　其　　basket

qí

字义说明　箕的古文，竹篮（簸箕）；许慎强调，由竹子编制成的器具，由
　　　　　　　𠀠与丌（几）组合而成，属象形文字。与其有关的字，有基、期、
　　　　　　　欺、棋、旗等。

说文解字　"簸也，从竹，𠀠，象形，下丌也。凡箕之属皆从箕。"

𠀠　　其　　其

图1　　　图2　　　图3

字形说明　采直视角度，取簸箕之形。
　　　　　　　上面画出箕之外框，下面是一个 ⊼ 的造型（图2）；演变至今，
　　　　　　　字形结构略有改变：图1、图2→图3。

常用词汇　若无其事　其来有自

瓜 瓜 melon
guā

字义说明 果实，葫芦科蔓生的植物；许慎强调，瓜属象形文字。与瓜有关的
字，有呱、瓞、瓣、弧、孤等。

说文解字 "㼌也，象形。凡瓜之属皆从瓜。"

图1   图2   图3

字形说明 采直视角度，取瓜形造字。
画出藤蔓，中间为瓜之形（图1）；演变至今，字形线条结构略有
改变：图1、图2→图3。

常用词汇 顺藤摸瓜　滚瓜烂熟　瓜田李下

井 井 well
jǐng

字义说明 往地下挖洞取水之处；许慎解释，古时八户人家共享一口井。与井
有关的字，有阱、耕等。

说文解字 "八家一井，象构韩形，瓮之象也。古者伯益初作井。凡井之属皆从井。"

图1   图2   图3

字形说明 采俯视角度，取井口放置木条构成之形。
画出井口之形（图1）；演变至今，字形结构未变：图1、图2→图3。

常用词汇 井然有序　坐井观天　落井下石

繁体	简体	英文
竹	zhú 竹	bamboo

字义说明　竹子，植物的一种，具有多种用途；许慎强调，竹子多是在冬天生长，其生命力像草一样强韧，属象形文字。作部首时以"⺮"表示。与竹有关的字，有竿、笔、筷、笙、笨、第、符等。

说文解字　"竹，冬生草也，象形。"

图1　　　图2　　　图3

字形说明　采直视角度，取竹节与竹叶之形。
上半部画出两两对生的竹叶形状，下半部画出竹节（图1）；演变至今，字形结构略有改变：图1、图2→图3。

常用词汇　胸有成竹　势如破竹　青梅竹马

汉字画四

母女之象

汉字
好好玩

传统的中国农业社会里，男女之间的分工方式通常是男主外，女主内。每天天一亮，男人就下田耕种或下海捕鱼；女人则在家里煮饭、带孩子，或者做些纺织工作。

说到纺织，古代的纺织材料可以分为植物类的麻、棉、葛与动物类的皮、毛、绵、丝。传说黄帝的妻子嫘祖发现可以养蚕取丝做衣料。丝质的好坏，从蚕种、浴蚕到最后的结茧、取茧，每个环节都很重要。《天工开物》特别提到，处理蚕的结茧要像嘉兴、湖州这两个地方的人，先将茧用火加温排除湿气，这样制成的丝衣就非常坚韧耐穿，即使放入水中洗涤数次仍能完好如初。茧的取丝过程称为治丝或缫丝，在取丝之前必须先做好缫丝，之后再经过调丝、织丝等一连串的纺织过程，最后才能成为一件丝织品。不过，丝织品织成后还是生丝，要经过煮炼之后才成为熟丝。煮炼时，须用稻秆灰加水煮，并用猪胰脂浸泡一晚，再用热水洗濯，如此丝色就会很鲜艳。

马王堆一号汉墓出土一件素纱襌（dān）衣，衣长 1.28 米，重 49 克，这件襌衣代表了当时的纱织技术。

作者设计了这幅女人织布之象，女的古字 像是画了一个女子跪坐，双手在胸前之姿。这个字的设计相当有意思，若在 字上半部

加两点就变成了 $\mathcal{Y}$（母）字，这"两点"表示乳房的意思，强调当女人变成母亲的角色后，胸部便有哺乳的作用。用简单的三条线就表现了一个女人的姿态，我想应该连毕加索也画不出这么抽象又具代表性的图画吧！

古代织布机。

用 $\mathcal{S}$ 表示一个女人在家跪坐的姿势。对于女人跪坐这件事，一般的说法是古代是父权社会，女人在家没有地位、身份卑微，所以必须跪坐着，表示男尊女卑。而上半部 $\mathcal{P}$ 线条也有两种说法：第一种说法，是指女人的胸部；第二种说法，是指双手

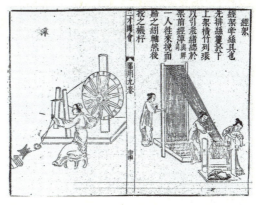

《三才图会》经架。

环抱的意思。依作者的观察判断，$\mathcal{P}$ 线条应是指双手在身体前面，因为女人抱孩子、喂奶、做家事，都是双手在胸前的姿势，就像日本女人用跪趴的姿势擦榻榻米地板。跪趴着擦地板是工作的需要而不是身份的象征，因此不能以跪趴这个动作就认定日本女人在家身份卑微。同样，作者认为古字 $\mathcal{Y}$ 应该是指女人在家时跪坐着，双手放在胸前工作的姿势，而非表示女人身份卑微。

汉字画

白天男人出外耕田打猎，女（）人则在家中工作，屋里有一个母（）亲抱着孩子（）喂奶，其他女人正用织布的机器圣（）在织细丝（），慢慢织成一件件的衣（）服。

这幅图介绍了女、母、子、糸、圣（至）、经、衣等。

繁体	简体	英文
	mǔ	
母	母	mother

字义说明 母亲；许慎解释，女人胸前的乳房可以哺乳小孩。与母有关的字，有拇、海、每、姆等。

说文解字 "牧也，从女，象裹（注：同怀）子形，一曰象乳子也。"

图1	图2	图3	图4	图5

字形说明 采直视角度，取女人跪坐时侧面之象造字。
女人跪坐双手环抱胸前，中间两点表示乳房（图1）；随着字形结构改变，演变至今，仅取上半部双手环抱乳房之形：图1、图2、图3→图4、图5。

常用词汇 母以子贵　贤妻良母　孟母三迁

繁体　简体　英文

zǐ

子　子　child

字义说明　小孩子；像小婴儿双脚合并被包在襁褓中，属象形文字。与子有关的字，有字、仔、孝、孙、好、李、季等。

说文解字　"十一月阳气动，万物滋，入以为称，象形。凡子之属皆从子。"

图1　　图2　　图3

字形说明　采直视角度，取婴儿被包覆之形造字。
上半部像婴儿的头与手，婴儿下半部用布包裹（图1）；演变至今，字形结构改变：图1、图2→图3。

常用词汇　爱民如子　误人子弟　子虚乌有

繁体　简体　英文

nǚ

女　女　girl

字义说明　女性、女人；许慎强调，女是指妇人，属象形文字。与女有关的字，有好、姐、妹、妈、妖、妇等。

说文解字　"妇人也，象形，王育说。凡女之属皆从女。"

图1　　图2　　图3　　图4

字形说明　采直视角度，取女人跪坐时侧面之象造字。
画一个女人跪坐在地，双手环抱胸前的样子（图1）；演变至今，字形线条结构改变：图1、图2→图3→图4。

常用词汇　金童玉女　窈窕淑女　郎才女貌

汉字画四　母女之象　035

繁体	简体	英文
	mì/sī	
糸	糸	silk

字义说明 丝线；许慎解释，糸是细丝交错成为一束束的细线。作部首时多以"纟（糸）"表示，与糸有关的字，有丝、系、係、素、红、纱、纷、弦（絃）等。

说文解字 "细丝也，象束丝之形。凡糸之属皆从糸。"

$$\text{图1} \quad \text{图2} \quad \text{图3} \quad \text{图4}$$

图1　　　图2　　　图3　　　图4

字形说明 采直视角度，取细线相互交错的形状造字。
画两条糸重叠交错编织在一起（图1、图2）；演变至今，字形线条结构改变：图1、图2、图3→图4，属上下结构。

常用词汇 丝丝入扣　一丝不苟　蛛丝马迹

繁体　　简体　　英文

jīng

巠　　圣　　loom machine

字义说明　有学者将圣视为织布的工具或机具；许慎解释，圣是水流的意思。
　　　　　　与圣有关的字，有经、茎、泾等。

(说文解字)　"水脉也，从川在一下；一，地也。壬省声。一曰水冥坙也。"

图1　　　图2　　　图3

字形说明　采直视角度造字，取织布工具的形状。
　　　　　　上半部为丝线环绕之形，下半部为织布机底座（图1）；演变至今，
　　　　　　字形结构略有改变，仅将中间曲线变成巛的线条：图1、图2→图
　　　　　　3，属上下结构。

繁体　　简体　　英文

jīng

經　　经　　through

字义说明　经常、经过；古代指织布的经线；许慎解释，由糸与巠组合而成。

(说文解字)　"织也，从糸，巠声。"

巠　　　經　　　經　　　經
图1　　　图2　　　图3　　　图4

字形说明　采直视角度，由糸与巠组合造字。
　　　　　　字形线条结构略有改变：图1、图2、图3→图4，属左右结构。

常用词汇　漫不经心　满腹经纶　饱经风霜

| 繁体 | 简体 | 英文 |

衣　衣　clothing

yī

字义说明 衣服；许慎解释，上半身称为衣，下半身称为裳。作部首时多以
"衤"表示，与衣有关的字，有依、表、衾、里（裹）、制（製）、
裳、袂、衫、袒、复（複）、衬、被等。

说文解字 "依也，上曰衣，下曰裳。象覆二人之形。凡衣之属皆从衣。"

$$衣　衣　衣　衣$$

图1　　图2　　图3　　图4

字形说明 采直视角度，取衣服正面之形。
画出衣服基本轮廓（图1）；演变至今，字形结构改变：图1、图2、
图3→图4。

常用词汇 衣冠楚楚　丰衣足食　衣不蔽体　衣锦还乡

汉字画五

街道之象

汉字
好好玩

有句话说:"路是人走出来的!"没错,在古代,路的确是由人一步一个脚印慢慢地走出来的。我们现在所说的马路,在古代其实称为道路;但道与路又有所差别,路是由人不断重复走动后自然形成,道则是经由人工刻意修建而成。

若要细究道与路的不同,必须从秦始皇说起。秦始皇时期,曾大力修筑驰道与推行车同轨,因为古时到处都是泥巴路面,每当下过雨后,大大小小不同车轨的马车轧过泥巴路面,等到泥土干了就变成又干又硬、凹凸不平的路,不仅人难以行走,就连马儿也很难在上面奔驰。因此,秦始皇就以国都咸阳为中心向四周修建驰道,一是为了方便他可以到各地巡视,二是发生战争时便于快速补给军备与粮食。秦始皇当时修筑的驰道有一定的标准,必须宽五十步,宽度统一才方便马车的行驶与军队的行走。

马车在古代是主要的交通工具,现在则是观光游客的最爱。

下过雨后,马车轧过泥巴路留下一道道车轮的轧迹。

这就是所谓的道。古字道有两种表示:一种是 徭,表示一个眼睛在道路上,隐含领导的意味;另一种是 derr,表示人在道路上行走。除了道路这个词外,还有一个常见的词语——街道。街的古字 街 即是采 艹 之形,取圭之音。

现代人走的是平平坦坦的柏油路,搭的是舒适便捷的车子;但在古代可没这么轻松，古人出门在外，不管到哪里去，多半靠的就是两条腿。古字对这两条腿的设计可有意思了。行这个字一开始画成 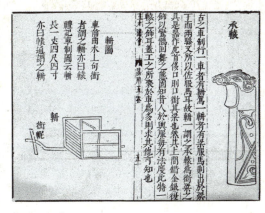，看起来就像十字路口的形状；后来演变成 ，是画成人走路的样子。其用意在于表示人的移动，不管移动得快或慢，只要是人的走动就称为行，所以有"行人"这个词。

《三才图会》车辕。

战国时期各诸侯国之间的交战，主要用战车来决一胜负，因此会以车的数量来代表一国的国力，所以就出现了"千乘之国""万乘之国"这样的词语。车分为四轮车与双轮车，四轮的大车由八至十二匹马来拉车，可以承载五十石的重量。马车的车轮称为"辕"，俗称为"车陀"，车轮是由轴承、辐条、内缘、轮圈这四个部分组成。大车的轴承需长一尺五寸，辐条需三十条。由于车轴是车子的最重要之处，所以材质就相当重要：造车轴和轴承的木材，以槐木、枣木、檀木、榆木为上料，要选比较长的做车轴，短的做轴承。不过檀木易摩擦而发热，所以大都以槐木或枣木作为车轴的主要木料，车的其他部件用料就没那么讲究。

车的古字 车 画出主要的轴与上下的车轮。马车奔跑时发出巨大的声响，古人就以三辆车 轟 代表这轰隆隆的声音。

汉字画

黄土覆盖的道路，有两个行 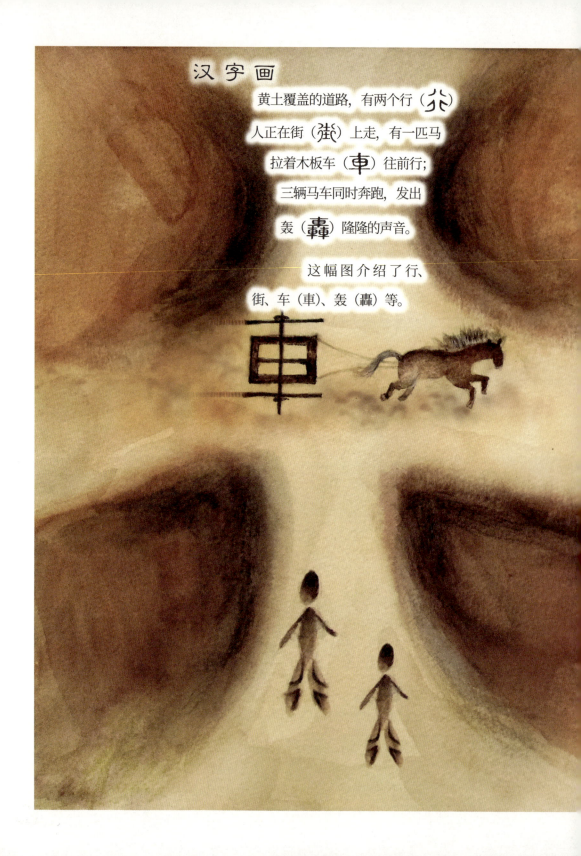 人正在街（街）上走，有一匹马拉着木板车（車）往前行；三辆马车同时奔跑，发出轰（轟）隆隆的声音。

　　这幅图介绍了行、街、车（車）、轰（轟）等。

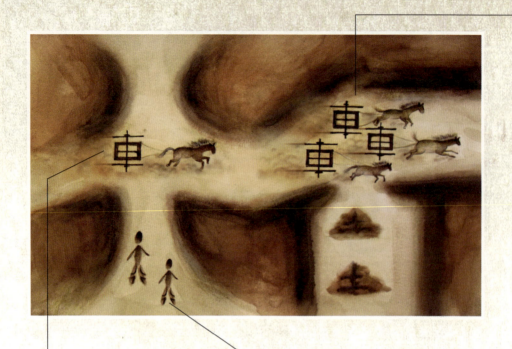

繁体　简体　英文

chē

車　车　vehicle

字义说明　车子；许慎解释，陆上有轮子的交通工具统称为车，传说是由奚仲这个人所发明制造，属象形文字。与车有关的字，有俥、阵、转等。

说文解字　"舆轮之总名，夏后时奚仲所造，象形。凡车之属皆从车。"

  車　車

图1　　　图2　　　图3　　　图4

字形说明　采俯视角度，取车身、车轨与车轮之形造字。
画出了车身、车轴与车轮的形状，⊕ 为车轮之形（图1）；演变至今，字形线条结构略有改变：图1→图2→图3、图4。

常用词汇　车水马龙　轻车简从　杯水车薪

hōng

轟　　轟　the roaring

字义说明　形容隆隆声响；许慎解释，一群车经过所发出的声响，由三个车字
　　　　　　组合而成。

说文解字　"群车声也，从三车。"

轟　　轟
　图1　　　图2

字形说明　采俯视角度，取三辆车之形造字。
　　　　　　画出三辆车（图1）；演变至今，字形结构未变：图1→图2，属
　　　　　　上下结构。

常用词汇　疲劳轰炸　轰轰烈烈

xíng

行　　行　moving abreast

字义说明　走路；许慎解释，行指人走路时的样子，由彳与亍组合而成。与行
　　　　　　有关的字，有衍、街等。

说文解字　"人之步趋也，从彳，从亍。凡行之属皆从行。"

犭　　犭　行
　图1　　　图2　　　图3

字形说明　采直视角度，取人走路下半身腿部之象造字。
　　　　　　最初是画十字路口的形状（图1）；其后线条看起来像两条腿走路
　　　　　　晃动的样子（图2）；演变至今，字形线条结构改变：图1、图
　　　　　　2→图3，属左右结构。

常用词汇　横行霸道　祸不单行　行尸走肉

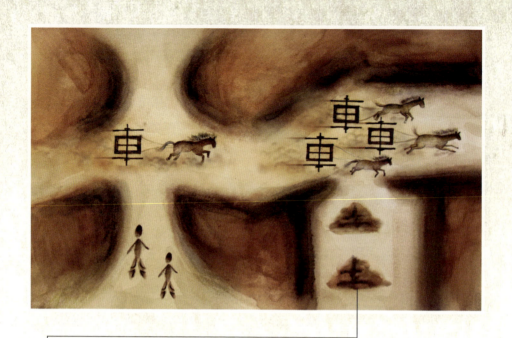

繁体	简体	英文
街	jiē 街	street

字义说明 街道；许慎解释，街是四面均可通行的道路，由行与圭组合而成。

说文解字 "四通道也，从行，圭声。"

图1　　　图2

字形说明 取街道之形造字。

画十字路口，中间两个土字（图1）；演变至今，字形线条结构略有改变：图1→图2，属左中右结构。

常用词汇 街谈巷议　过街老鼠　花街柳巷

道　道　way
dào

字义说明　路；许慎解释，道是指人所行走的通路，由辵与首组合而成。现今辵以辶表示。

说文解字　"所行道也，从辵，从首。一达谓之道。"

图1　　　图2　　　图3　　　图4

字形说明　取人在道路上之象造字。

道的表现方式有许多种：第一种，画出外围的道路形状，而里面是眼睛的形状（图1），表示引导的意思；第二种，画出外围道路的形状，人位于道路中间之形（图2），表示人所走的通路。演变至今，字形结构改变：图1、图2、图3→图4，属半包围结构。

常用词汇　康庄大道　志同道合　任重道远

路　路　road
lù

字义说明　马路、道路，供人或交通工具通行的通道；许慎解释，路是由足与各组合而成。

说文解字　"道也，从足，从各。臣铉等曰：'言道路人各有适也。'"

图1　　　图2　　　图3

字形说明　取足、步与口之形造字。

左边是腿，右上部是脚印，右下部则是一个口（图1）；演变至今，字形线条结构略有改变：图1、图2→图3，属左右结构。

常用词汇　穷途末路　冤家路窄　走投无路　路遥知马力

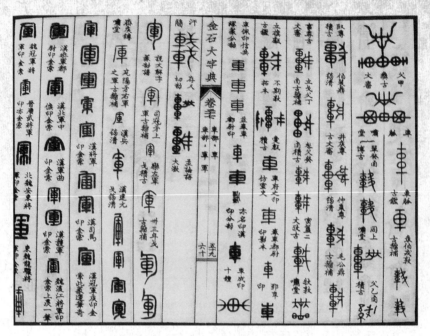

《金石大字典》车的各种画法。

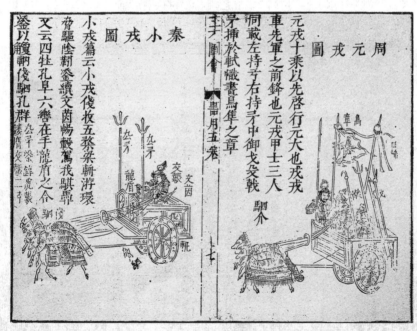

《三才图会》中车的介绍。

汉字画六

登山之象

汉字
好好玩

中华民族拥有五千多年丰富的文化内涵，不管有形的或无形的文化早已融入人民的日常生活中，有些古文物陆陆续续挖掘出土，许多珍贵史料得以重见天日，秦始皇兵马俑就是农人在田里翻土时发现的。其实有些文物古迹并没有消逝，只是静静地待在原地，等待后人的发掘。

人们行经山间小道或是攀登高山，在山间石壁上有时可以见到数千年前的人遗留的图画，这些涂刻在石壁上的图画被称为岩画。根据研究，这些岩石壁或山崖上的画，主要是记录当时的生活情况，例如狩猎、猎物、猎具、战争、祭祀等各种生活内容。虽然许多图案都已剥落，但隐约可以感受到作画者想要传达的信息。

壁画——部落中的人物活动情况。

岩画受制于天然环境，不是到处都可以刻画的，石质必须坚硬，石面必须平滑，有时还要考虑风向与阳光照射等问题。这些岩画经历了数千年风吹雨打还能残存，实在不容易。这些遗存下来的珍贵岩画，虽然经过雨雪风霜的侵蚀，但在某些岩画上依稀可以见到残留的颜色，这些颜色是用天然的矿物或植物制成的，如铁矿、石灰、红土、赭石、木灰、花叶等，有的甚至用兽血或兽皮熬胶与颜料相混合，以增加颜色的鲜艳度。若进一步观察这些岩画的形象线条可发现，有些是采用了剪影式的画法，先抓住事物的基本形状，再用简单的线条画出正面或侧面形象。有些写实，有些抽象；有些动态，有些静态。岩画是一种原始的艺术，它所呈现的图画符号与象形文字造字之初有颇多相似之处，或许从中可以发现与汉字的某些联系吧！

中国古人的造字角度，即从人的双眼看出去的角度，可以分为仰视、直视、俯视及透视四种角度。除了角度问题外，还牵涉到正面取象或侧面取象。

小孩正好奇地看着自己的影子，影子就像是古字的人字。

以人为例，正面取象有大、立、并等。大的古字 画了一个人正面站立双手双脚同时张开的样子；立的古字 画一个人正面站立之姿；并的古字 画两个人正面并立。侧面取象则有人、从、众等。人的古字 是画出一个人侧面站立之姿；从的古字 是画出两个侧面站立的人一前一后，有跟从的意思；众的古字 是画出三个人朝同一个方向站立，头顶上有一个大眼睛，目光往同一个方向看。可见从不同的角度与朝向看事物，即可创造出不同的字形与字义。这些字虽然简单，但却充满了生命力。

汉字画

深山林中，有一座香火鼎盛的庙宇，有人仁立（📷）在庙前，有对夫妻肩并肩并（📷）立着，有人（📷）独自沿着山坡步行向上，有主仆二人一主一从（📷）走在半山腰，山脚下有一群民众（📷）目光一致往前看，准备登山。

这幅图介绍了立、并（並）、人、从（從）、众（眾）等。

繁体　简体　英文

rén

人　　人　　people/person

字义说明　人类；许慎解释，人是天地之间灵性最高的生物，古籀文写法就像画出人的手臂和腿的形状。作部首时多以"亻"表示，与人有关的字，有企、仁、仔、仙、休、保等。

说文解字　"天地之性最贵者也。此籀文象臂胫之形。凡人之属皆从人。"

图1　　图2　　图3

字形说明　采直视角度，取人侧面之形造字。
用两条线画出人侧面之形，上半部的线条表示头与手部，下半部的线条表示身体与腿部（图1）；演变至今，字形结构改变：图1、图2→图3。

常用词汇　人情冷暖　人面兽心　高人一等

cóng

從　从　to follow

字义说明　相随而行；许慎解释，从是指两人跟随行走的样子。与从有关的字，有纵、踪（蹤）等。

说文解字　"相聽（听）也，从二人。凡从之属皆从从。從，随行也。从辵、从，从亦声。"

$$ \text{图1} \qquad \text{图2} \qquad \text{图3} $$

图1　　图2　　图3

字形说明　采直视角度，取两人一前一后行走之象造字。

从的古字有多种画法：一种是画两人一前一后，表示跟随的意思（图1）；另一种则是画出道路，两人一前一后，下半部画一个脚趾的形状（图2）。字形结构略有改变：图1→图3，属左右结构。

常用词汇　从善如流　投笔从戎　无所适从

zhòng

眾　众　crowd

字义说明　许多人；许慎解释，众表示人很多的意思。

说文解字　"多也，从目、㐺，眾意。"

图1　　图2　　图3

字形说明　采直视角度，取一个大眼睛与三个人的侧面之形造字。

上面是一个大眼睛，下面是三个人，表示这三个人的视线一致（图1）；演变至今，字形线条结构改变：图1、图2→图3。

常用词汇　众望所归　众叛亲离　众口铄金

繁体	简体	英文
立	立	stand

字义说明 站立；许慎解释，是指人正面站立的样子。与立有关的字，有位、泣、粒等。

说文解字 "住也，从大，立一之上。臣铉校录：大，人也；一，地也。会意。凡立之属皆从立。"

太　　企　　立
图1　　图2　　图3

字形说明 采直视角度，取人正面站立之姿造字。
画一个人正面，手脚张开，站立在地面上（图1）；演变至今，字形线条结构略有改变：图1、图2→图3。

常用词汇 当机立断　标新立异　鹤立鸡群

繁体	简体	英文
	bìng	
並	并	abreast

字义说明 平列、一起；许慎解释，并（竝）是由两个立组合而成。

说文解字 "併也，从二立。凡竝之属皆从竝。"

      图1   图2   图3   图4

字形说明 采直视角度，取两个人站在一起之象造字。

最初画两人并肩站在一地平线上（图1）；演变至今，字形线条结构略有改变：图1、图2、图3→图4。

常用词汇 并驾齐驱　图文并茂　兼容并蓄

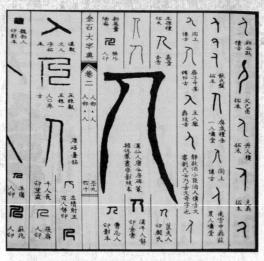

《金石大字典》人的各种画法。

《文字蒙求》中从与并的介绍。

汉字画七

下山之象

岩画不是随意的涂鸦，而是有意义的图画，它被视为一种原始艺术。有些岩画的构图层次分明，人物动作也刻画得活灵活现。一般来说，动物大都刻画侧面形象，而人物则刻画正面形象。

云南沧源岩画——村落图。(图1)

以云南沧源的岩画——村落图为例（图1），这幅村落图刻画了许多人物与建筑，正中央椭圆形的线条代表村落。根据岩画专家的研究，村落中的房屋属于干栏式建筑，可以分为三种形式（图2）：第一种是椭圆形或半圆形的屋顶建筑，第二种是三角形的屋顶建筑，第三种是梯形的屋顶建筑；而屋顶的刻画法又分为全部涂黑与留白，据推测可能是用来区分首领与一般人的屋子。

村落中的屋子，各种造型的屋顶。(图2)

从村落的中央往外延伸还有故事发生，前面有人手持弓箭，后面画了一排人像是在列队出征迎敌（图3）。第二层（图4），从人与动物的方向分析，应该是村落族人正要将牲畜赶回村落。第三层即画面的下方（图5），村落像是在举办大型祭祀活动，最上面站着一个主祭者，下面有两排参加祭祀的人。村落图不仅构图层次分明，人物也有大小之别，人物画得愈大，

手拿弓箭的射手。(图3)

手拿棍棒的畜牧者。(图4)

表示身份地位愈重要；村落中巫祝是最重要的角色，所以他在整个画面中的比例是最大的。

巫祝是村落部族中最重要的人物。(图5)

仔细观察村落图中的人物可以感受到他们是动态的，依照人物的属性而画出不同的动作特征。人物的肢体动作各有其意义，像是手持弓箭的射手，拿着棍棒驱赶动物的畜牧者，而参加祭祀的人更像是手舞足蹈的舞者。这些都是小细节，不过从这些小动作、小细节，却可以让后世的人知道当时发生了什么事情。由于岩画的表现方式与象形文字有异曲同工之处，都展现出人类绘画的本能，观察这些线索有助于我们对象形文字的分析。

象形文字中关于脚的部分，亦可分为静态与动态。静态部分是指腿与脚，古字 与 分别代表足与止，大腿到脚底统称为足；而脚底则以止为代表，又有脚趾之称。动态部分，古人依照人行动时的速度，分别造了步、走、奔三字，古字 、 、 这三个字的下半部都是止，指脚底的样子。人移动快一点则称走，古字 是画出人行走时迈开大步，双手大幅摆动的样子，下半部为一个止。如果走得更快些，下半部出现三个止，古字 就是奔，有跑步的意思。若脚步仅是慢慢地移动就称为步，古字 是指两只脚一前一后，步伐稳健往前行，所以 是画出两个脚印的样子。我们常听说："你在散步啊，快点走啊！"就是嫌某人走得太慢。

沙滩上的脚印。

汉字画

黄昏时，登山的人陆陆续续下山，有人慢慢地散步（步）下山，有人迈步走（走）下山，也有人奔（奔）跑下山。

这幅图介绍了步、走、奔等。

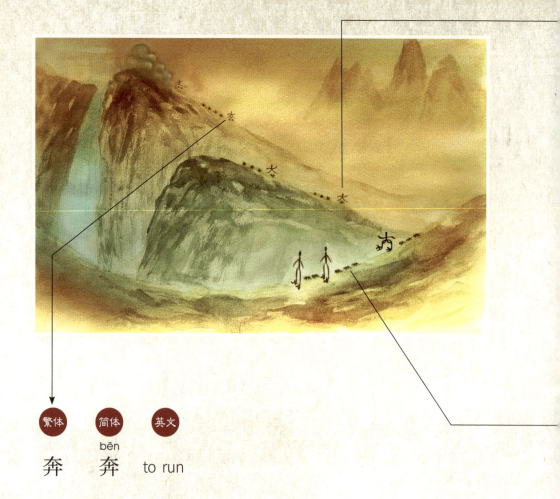

| 繁体 | 简体 | 英文 |

bēn

奔　奔　to run

字义说明　跑；许慎解释，走得很快，跑步的样子。

说文解字　"走也，从夭，贲省声，与走同意，俱从夭。"

図1　　图2

字形说明　采直视角度，取人迈开大步奔跑的样子。
上面是人双手摆动，双腿迈开，快速跑动的样子，下面画出三个脚趾形状，表示脚步前后快速移动（图1）；演变至今，字形线条结构改变：图1→图2，下面三个止，转变成卉之形，属上下结构。

常用词汇　东奔西跑　万马奔腾　疲于奔命

繁体　简体　英文

zǒu

走　走　to walk

字义说明　走路；许慎解释，走指人行动较快的样子，由夭与止组成。与走有关的字，有赴、趄等。

说文解字　"趋也，从夭、止，夭止者屈也。凡走之属皆从走。徐锴（注：南唐文字训诂学家，徐铉之弟）曰：'走则足屈，故从夭。'"

走　走　走
图1　图2　图3

字形说明　采直视角度，取人走动之姿造字。
　　上面画人摆动双手迈开大步的样子，下半部分的止是强调脚底步伐（图1）；演变至今，字形线条结构改变：图1、图2→图3，原大之形改为土之形，属上下结构。

常用词汇　走马观花　铤而走险　远走高飞

繁体　简体　英文

bù

步　步　to step

字义说明　步伐；许慎解释，步是行走，由止与屮（少）组合而成。与步有关的字，有涉、陟等。

说文解字　"行也，从止、屮相背。凡步之属皆从步。"

步　步　步
图1　图2　图3

字形说明　采俯视角度，取脚底一前一后之象造字。
　　画脚底一前一后，表示脚步前行（图1）；演变至今，字形结构改变：图1、图2→图3，属上下结构。

常用词汇　平步青云　步步高升　望而却步

《说文解字》中止、步、走的介绍。

汉字画八

城墙之象

汉字
好好玩

中国各朝代的开国君主会选择地理位置极佳的地点建都筑城，不论都城或是地方府城，筑城必须立于形胜之地，而城垣是都城的第一道防御线，一座坚固的城垣必须由城门、城台、壕城、障城、翼城、烽火台与墩堠等结构组成。修筑城垣大都就地取材，基本的建材有土、石、砖、灰等。早期采夯土筑墙，是将两板相夹，中间放入泥土，再用杵夯实，逐段逐层而构成墙垣。长城历经两千多年风霜的洗礼，是中国最伟大建筑之一。我们今天看到的长城大部分是明朝修建的，采用的就是石墙结构，建造城墙所使用的石块质地优良，并且在石块的衔接处使用大量的糯米砂浆，所以才能保存到现在。

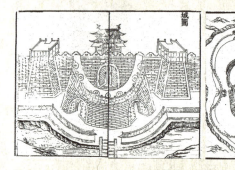

《三才图会》城郭图。

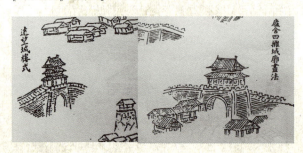

《芥子园画谱》古代城墙的画法。

城门是进出城的主要通道，有些城门上会再加建城楼，可以便于防卫，也用于放置兵器或供将士休息。烽火台是传递军情的军事防御设施，又称为烽堠或烟墩。遇到敌人来袭时，白天是烧烟气，晚上则是用烽火来传递讯息。烽火台多由夯土建成，外面再包上砖，必建于最高处，且之间的距离必须彼此可以见到，才能准确地传达军情。有些城是依水而建，则会挖掘壕沟以阻挡敌军，所以壕沟又可称为护城河。

在古代，城门是一座城的重要进出口。

在字典里，"王"解释为高高在上并拥有至高权力的人，若追溯"王"字的发展，可以发现王其实是由武器演变而来的。在远古时期，王是一把专门砍头的武器，古字 王 最初的形象是一把刀口向下的大斧头，后世将王这把斧头拟人化，王就变成拥有最高权力的裁罚者，可以发布命令并指挥军队。王有责任保护人民，但也享有绝对的权力，因此，维持王

城墙上凹凸的造型利于防守与进攻。

室的安全也相对重要。王室建筑通常坐落在最安全的地方，有些建于地势较高处，有些则建于城楼之上，并在外围筑上城墙加以保护。王室的建筑通常显得特别高大雄伟，而古字 髙（高）与 京（京）就是画出建造在高处的建筑物。我们可以发现，高与京的建筑跟一般民房不同，民房的古字是 介（即宀字），仅画出屋顶与两根柱子，但古字 髙 与 京 却强调屋子是建在高台之上，表示高高在上的建筑物。若从战略角度思考，将屋子建在高处或特别架高时，有居高临下的优势，可随时观察掌握周边的情况，当发生战争时，位居高处则易守难攻。

汉字画

由石（石）块堆积而成的城垣（垣），又称为城墙，城墙上缘凹（凹）凸（凸）处，方便士兵戍守，城墙有高（高）与京（京）这两种建筑物，在这两种建筑物中央，有一把类似斧头形状的武器——王（王），这是权力的象征。

这幅图介绍了石、垣、凹、凸、高、京、王等。

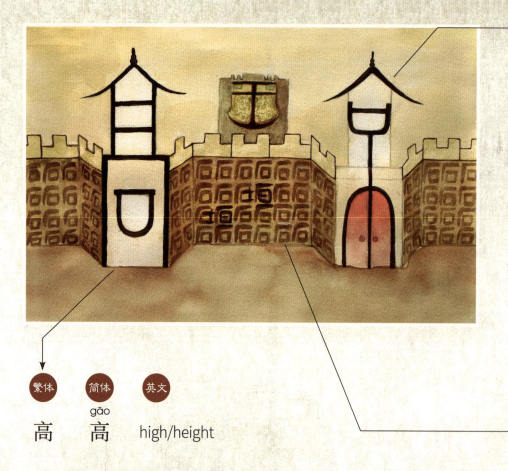

繁体　简体　英文

gāo

高　高　high/height

字义说明 指相对位置较高处；许慎解释，在高处架起的台子可观看远处，由门、口的形状组合而成，与仓、舍等字一样都有屋舍的含义。与高有关的字，有敲、镐等。

说文解字 "崇也，象台观高之形，从冂 (jiōng) 口，与仓舍同意。凡高之属皆从高。"

> 亯　髙　高　高
> 图1　图2　图3　图4

字形说明 采仰视角度，取屋子之形造字。
上面是屋顶与屋体，下面是出入的通道（图2）；演变至今，字形结构改变：图1、图2→图3、图4，属上下结构。

常用词汇 德高望重　高抬贵手　高谈阔论

繁体	简体	英文
	jīng	
京	京	capital city

字义说明 京都、京城；许慎解释，京是建筑在高土台上的宫室，与高这类屋子外形相似，两者差异在于古字高的下面是方形，而古字京的下面是丨（gǔn）形。与京有关的字，有凉、谅等。

说文解字 "人所为绝高丘也，从高省，丨象高形。凡京之属皆从京。"

$$\text{图1} \quad \text{图2} \quad \text{图3} \quad \text{图4}$$

图1   图2   图3   图4

字形说明 采仰视角度，取宫室建在高台上之形造字。
京与高为同一字源，上半部与高一样都是屋顶与屋体，但是京的下半部则像高架或高台的样子（图1）；演变至今，字形线条结构改变：图1、图2、图3→图4，属上下结构。

常用词汇 冯京马凉　莫之与京　京解之才

繁体	简体	英文
	shí	
石	石	stone

字义说明 石块；许慎解释，石是指山壁的石头，就像在山崖的石块，属象形文字。与石有关的字，有矿、磊、研、炮（砲）、硬等。

说文解字 "山石也，在厂（hàn）之下，口象形。凡石之属皆从石。"

图1   图2   图3

字形说明 采直视角度，取山崖边石块之形造字。
厂表山崖之形，而口表石头的形状（图1）；演变至今，字形线条结构略有改变：图1、图2→图3。

常用词汇 石沉大海　海枯石烂　铁石心肠

繁体	简体	英文
	yuán	
垣	垣	a wall

字义说明 城墙；许慎解释，垣就是墙，由土搭建而成的。

说文解字 "墙也，从土，亘声。"

垣　垣　垣
图1　　图2　　图3

字形说明 采直视角度，取土块之形造字。
左边是土，右边为土块的造型（图1）；演变至今，字形线条结构
略有改变：图1、图2→图3，属左右结构。

常用词汇 断垣残壁　短垣自逾　断壁颓垣

āo

凹　凹　concave

字义说明　凹陷，原指建造房屋时，木桩之间一凹一凸互相卡住，指凹槽处，
作者采用城墙上凹凸墙面的概念来介绍。

说文解字　无。

凹

图1

字形说明　采直视角度造字，取城墙凹陷处。
画出凹之外形（图1）。

常用词汇　凹凸不平

tū

凸　凸　convex

字义说明　凸出，原指建造房屋时，木桩之间一凹一凸互相卡住，指凸出处，
作者采用城墙上凹凸墙面的概念来介绍。

说文解字　无。

凸

图1

字形说明　采直视角度造字，取城墙凸起处。
画出凸之外形（图1）。

常用词汇　凹凸有致

繁体	简体	英文

wáng

王　　王　　king

字义说明　原指斧头状的兵器，现今指君主、国王，是最高权力与权威的代表；许慎解释，王是人民臣服的对象，王贯通天、地、人这三界。与王有关的字，有汪、枉等。

说文解字　"天下所归往也。董仲舒曰：'古之造文者，三画而连其中谓之王。三者，天、地、人也；而参通之者，王也。'孔子曰：'一贯三为王。'凡王之属皆从王。"

　　王

图1　　　图2　　　图3

字形说明　采直视角度造字，取斧头的形状造字。
有两种表现方式：第一种，像人站立在天地之中，所以有王是贯通天地人三界的说法（图1）；第二种，画一把刀口向下的斧头，有权力的象征意义（图2）；演变至今，字形线条结构改变：图1、图2→图3。

常用词汇　擒贼擒王　目无王法　尊王攘（rǎng）夷

汉字画九

防守之象

汉字好好玩

虽然战争是件可怕又残酷的事，但中国五千年的历史却是历经了大大小小数不清的战役，每个朝代的开始与结束都脱离不了战争。从黄帝开始就不断地有战争，每一场战役不仅比人力多寡，更是比较武器杀伤力，哪一方能造出精良武器就有获胜的机会，因此，远古时期很快就发展出长短不同的各种兵器。

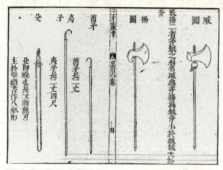
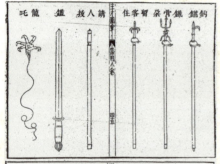
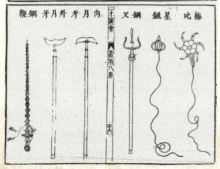

《三才图会》古代兵器图。

短兵器是指刀与斤这类的武器，古字 𠂤（斤）原本也是武器的形状，后来则演变成为数量的单位词。由斤延伸出许多字，例如，斧头的斧字，就是由斤演变而来的。另外，像兵这个字也是由古字 𠂤（斤）发展出来的。古字 𠬞（兵）是指双手持斤的样子，最初指的是武器，后来演变为士兵的意思。

最常见的长兵器是干与戈，干与戈原本是武器的形状，后世则延伸其意将干戈视为战争的代名词，所以古语说，化干戈为玉帛，指的就是停止战争追求和平。

古字 干（干）是指一种将双叉的树枝前端削尖的武器，刚开始是用于打猎时刺杀猎物，后来则运用于防卫或者杀敌；古字 戈（戈）则是更精良的武器，在棍柄的上方装置了一把尖锐的刀。由于武器精良与否关系着生命的安危，所以古人造字时，对于人与戈的关系有更深刻的描绘。

木制兵器，现在在某些庙里还可以见到古代兵器的造型。

首先，从手持戈的动作分析，可介绍我与戒这两个字。我的古字 我 就是画出人单手持戈这件武器的样子，后世演变为表示第一人称的自己；但若是双手持戈时，古字 戒 就成了戒这个字，有戒备的意味。

其次，从人与戈的位置关系，可介绍戌与伐这两个字。古字 戌（戌）就是一个人站在戈的前面，是指防卫的意思；但当戈的刀口砍向人时意思指砍伐，伐的古字 伐 就像是一把戈刀砍过人头，有砍杀的意思。只要与战争或防卫有关，大都以戈为主，所以有许多字是戈字所延伸出来的，如戊、戌、戎、戍、成、我、戒、战、戏、戳、咸字等。

汉字画

　　在城墙上站着许多的士兵（戌），士兵们拿着各种武器，有将木削尖制成的干（干）器，以及在木棍上绑石头的单（单）器，士兵有人单手持戈（戈），有人双手持戈表戒（戒），有人站在戈的前方表成（成），而城墙外边则有敌人被戈砍杀表伐（伐）。

　　这幅图介绍了兵、干、单（單）、戈、戒、成、伐等。

繁体	简体	英文
	gē	
戈	戈	spear

字义说明 兵器种类之一；许慎解释，由弋与一组合而成，属象形文字。与戈有关的字，有战、戎、戏、或、戮等。

说文解字 "平头戟也，从弋，一横之，象形。凡戈之属皆从戈。"

　　　　　　图1　　　图2　　　图3　　　图4

字形说明 采直视角度，取整把戈侧面之形造字。
上半部是尖锐的刀形，中间是木杆，下面 ⌒ 造型可以让戈插在地上（图1）；演变至今，字形线条结构改变：图1、图2、图3→图4。

常用词汇 枕戈待旦　同室操戈　金戈铁马

繁体	简体	英文

jiè

戒　　戒　　to warn

字义说明　警戒；许慎解释，像人双手持戈戒备的样子。

说文解字　"警也，从廾，持戈，以戒不虞。"

图1　　图2　　图3　　图4

字形说明　采直视角度造字，取人双手持戈之形造字。
上面是一把戈，下面是一双手（图1）；演变至今，字形线条结构
改变：图1、图2、图3→图4，属半包围结构。

常用词汇　引以为戒　斋戒沐浴　戒备森严

繁体	简体	英文

shù

戍　　戍　　to defend

字义说明　防卫；许慎解释，像人持戈防守的样子。

说文解字　"守边也，从人，持戈。"

图1　　图2　　图3

字形说明　采直视角度，取人与戈之形造字。
画出人身旁一把戈器（图1）；演变至今，字形线条结构改变，原
本人的形状，以卜代替：图1、图2→图3。

常用词汇　戍守　戍卫

繁体	简体	英文
干	gàn 干	weapon

字义说明 古时候的武器，可以打猎，也可以用作进攻或防御敌人的兵器；许慎解释，干有侵犯的意思。与干有关的字，有捍（扞）、汗、杆、竿等。

说文解字 "犯也，从反入，从一。凡干之属皆从干。"

Ұ　Ұ　Ұ　干
图1　图2　图3　图4

字形说明 采直视角度，取木棒之形造字。
上端有两个尖叉的长柄木棒（图1）；演变至今，字形线条结构改变：图1、图2、图3→图4，属单一结构。

常用词汇 毫不相干　化干戈为玉帛　大动干戈

繁体　简体　英文

dān

單　单　single

字义说明 现在指独自一个，古字原是武器的形状；许慎解释，单是由吅与甲组合而成。

说文解字 “大也，从吅、甲，吅亦声，阙。”

图1

图2

图3

图4

字形说明 采直视角度，取武器之形造字。

上面为双叉的长柄，柄头上绑有石块，是一种打猎或杀敌的武器（图 1）；演变至今，字形线条结构改变：图 1、图 2→图 3、图 4，属上下结构。

常用词汇 单枪匹马　祸不单行　形单影只

繁体　简体　英文

fá

伐　伐　to fell

字义说明 砍杀；许慎解释，伐是出击，就像人持一把戈砍向敌人头颈的样子。与伐有关的字，有阀、筏等。

说文解字 “击也，从人持戈，一曰败也。”

图1

图2

图3

字形说明 采直视角度造字，戈砍击人的样子。

持戈砍向人，左边是人，右边是一把戈（图 1）；演变至今，字形线条结构改变：图 1、图 2→图 3，属左右结构。

常用词汇 口诛笔伐　南征北伐　党同伐异

繁体	简体	英文
	bīng	
兵	兵	soldier

字义说明 军人、武器；许慎解释，兵像双手持斤的样子。

（**说文解字**）"械也，从廾持斤，并力之貌。"

图1 　　图2 　　图3

字形说明 采直视角度，取双手持斧之形造字。
上面是一把类似斧头的武器——斤，下面是一双手（图1）；演变
至今，字形线条结构改变：图1、图2→图3，属上下结构。

常用词汇 兵戎相见　兵不厌诈　兵不血刃

汉字画十

器皿之象

汉字
好好玩

一场雷电过后，发生了森林大火，劫后余生的原始人类发现了火的神奇魔力——火虽然可怕，却也让食物变得更美味。火改变了人类的饮食习惯，就此从生食进入熟食阶段。放置食物的器具也因火而改变，人类利用火烧出了不同的食器。

由于生活饮食所需，古人渐渐发展出不同用途的食器。随着生活智慧的累积，古人对食器的需求愈来愈讲究，有专门煮食的炊器，有专门盛食物的盘器，也有专门装酒、装水、装汤的容器。这些食器的材质多为陶、铜、铁等，每种器具都有一定的用途与造型，如鼎、鬲（lì）、豆、皿、缶（fǒu）、卣（yǒu）、壶等，虽然大都是食器类，又可以区分为以下三大类：

第一类，烹饪使用的器具，如鼎与鬲，古字 ⊔ （鼎）与 ⊟ （鬲）都是画其基本外形。鼎与鬲最大的特色在于两者一般都是三足的造型。虽然鼎、鬲都属于炊具，但两者材质与用途却大不相同。鼎多是由青铜铸造而成，以烹煮方式煮熟食物，由于鼎腹的容量大，可以同时烹调几种不同味道的食物，所以在古时鼎是很重要的烹饪食器；鬲则是由青铜铸造或陶土烧制而成，分为上下两层，上层是放置食物的凹槽，下层脚架的三个鬲足都是空心的，与腹部连通，当火在底部烧时，通过热气可将凹槽内的食物蒸熟，所以鬲是专门用以蒸熟米、黍等谷类的炊器。

鼎器。

第二类，专门盛装食物的器具，就是将煮熟的食物放置盘器里头，这类的代表有皿与豆，古字 （皿字古文）与（豆字古文）就是画出基本的外形。皿是专门盛装米饭等主食的器具，就好像现在吃饭时所用的碗一样；豆则是专门盛肉的高脚架盘器，由于豆的盘面较宽，可放置较大的肉块，所以豆就成了盛肉的盘器代表。不过，豆后来演变为指称豆类植物的种子，如黄豆、绿豆、红豆等。

豆器。

第三类，专门装液体的容器，吃饭时总要喝点汤水或饮些酒，这时候就需要缶、酉、壶这类装酒水的容器或杯器。在这类器具中，以壶的使用范围较大，古字（壶字古文）就是腹大的造型，只要是

光看招牌就可以猜到这家店卖的是什么东西。

液体都可以装在壶腹里头，所以有茶壶、水壶、酒壶等用法；缶则是专指盛酒或装水的容器，古字（缶字古文），下半部凹槽处可以装水、装酒，上半部类似盖子的形状，盖上盖子可防止酒或水溢出，算是比较精细的容器设计。此外，缶又有乐器的性质，因为缶是由陶土烧制而成，缶的凹槽处属空心造型，每当古人喝酒后，就会开心地哼着歌并敲打缶身，此时缶就会发出响亮的声音，周礼就清楚记载古人击瓮叩缶的情节。酉也是常见的容器之一，古字（酉字古文）就是画其外形，古人将谷类放入（酉字古文）里慢慢发酵成酒。

青铜器鬲。　　　青铜器壶。

汉字画

有几口大鼎（ ）正在煮菜烹肉，另一个鬲（ ）器正在蒸米饭，鼎与鬲不断地冒出气（ ）来，当饭菜与肉都准备就绪，就用器皿（ ）盛饭，将肉类放在豆（ ）器上，汤汁倒进缶（ ）里，并装了一壶（ ）酒，人们边吃饭边用酉（ ）喝着酒。

这幅图介绍了鼎、皿、豆、壶（壺）、缶、酉、鬲、气（氣）等。

繁体 简体 英文

鬲 鬲 caldron
　　 gé

字义说明 鬲是专门蒸制谷类的器具；许慎解释，鬲与鼎一样都是炊煮的器具，鬲底有三足，中间是鬲器的纹路。与鬲有关的字，有融、隔、嗝等。

说文解字 "鼎属，实五觳，斗二升曰觳（hú）。象腹交文，三足。凡鬲之属皆从鬲。"

图1　　图2　　图3　　图4

字形说明 采直视角度，取鬲器的形体造字。
鬲器分为上下两层，上层为鬲身，下层为鬲足，鬲足有三只（图1）；演变至今，字形线条结构改变：图1、图2、图3→图4，属上中下结构。

dǐng

鼎　鼎　tripod

字义说明　烹煮食物的炊器；许慎解释，鼎底有三足，鼎身有两个提耳，由于鼎的容量较一般炊器大，可同时烹煮多种不同味道的食材。与鼎有关的字，有鼐（nài）等。

说文解字　"三足两耳，和五味之宝器也。昔禹收九牧之金，铸鼎荆山之下，入山林川泽，螭魅蝄蜽莫能逢之，以协承天休。《易》卦：巽（xùn）木于下者，为鼎，象析木以炊也，籀文以鼎为贞字。凡鼎之属皆从鼎。"

图1　　图2　　图3　　图4

字形说明　采直视角度，取鼎器之形造字。
画出腹部宽大的鼎身，两边有提耳，下面是三足（图1）；演变至今，字形线条结构改变：图1、图2、图3→图4，属半包围结构。

常用词汇　鼎鼎大名　一言九鼎

dòu

豆　豆　bean

字义说明　豆子，原指器皿之一；许慎解释，豆是古代用来盛肉的器具，属象形文字；与豆有关的字，有逗、短等。

说文解字　"古食肉器也，从口，象形。凡豆之属皆从豆。"

图1　　图2　　图3

字形说明　采直视角度，取豆器的形体造字。
上面为圆盘，下面为高脚，盘中一横表示所盛的食物（图1）；演变至今，字形线条结构略有改变：图1、图2→图3。

常用词汇　目光如豆　豆蔻年华　箪食豆羹

繁体	简体	英文
	hú	
壶	壶	pot

字义说明 容器；许慎强调，盛液体的容器，壶属象形文字，壶上有盖。

说文解字 "昆吾圜（yán）器也，象形。从大，象其盖也。凡壶之属皆从壶。"

图1　　　图2　　　图3　　　图4

字形说明 采直视角度，取壶体之形造字。
画出壶身与底座，壶身两边有提耳，上头有盖子（图1）；演变至今，字形结构改变：图1、图2、图3→图4，属上下结构。

常用词汇 悬壶济世　冰壶秋月

繁体	简体	英文
	fǒu	
缶	缶	crock

字义说明 瓦器之一；许慎解释，缶是陶瓦器的一种，用来盛酒的器具，秦人也曾把缶当成打击的乐器，属象形文字。与缶有关的字，有罐、缸等。

说文解字 "瓦器，所以盛酒浆，秦人鼓之以节謌（注：gē，同歌），象形，凡缶之属皆从缶。"

图1　　　　图2　　　　图3

字形说明 采直视角度，取缶器之形造字。
像一件有盖的容器，上半部为盖子，下半部为容器本身（图1）；演变至今，字形线条结构改变：图1、图2→图3，属单一结构。

常用词汇 瓦缶雷鸣　二缶钟惑　黄钟瓦缶

繁体	简体	英文
	yǒu	
酉	酉	amphore

字义说明 今指时间之一酉时（下午五点至七点），酉原指酒壶或酒坛的形状；许慎解释，像酒壶的形状，可用来盛酒、水、食物的器具，属象形文字。与酉有关的字，有酒、酌、酊、配、醒、酬、医（醫）等。

说文解字 "就也，八月黍成，可为酎（zhòu）酒，象古文酉之形。凡酉之属皆从酉。"

击 酋 酉 酉

图1　　　图2　　　图3　　　图4

字形说明 采直视角度，取酒壶之形造字。
画出酉壶外观与盖子的形状（图1）；演变至今，字形结构略有改变：图1、图2、图3→图4。

常用词汇 酉时　才贯二酉

繁体	简体	英文
	mǐn	
皿	皿	container

字义说明　碗、碟、盘、盆之类器具的统称；许慎强调，吃饭时用来盛饭菜的器具，属象形文字，像豆器一样可以装食物。与皿有关的字，有杯（盃）、盏、盅、盘、益等。

说文解字　"饭食之用器也，象形，与豆同意。凡皿之属皆从皿。"

図1　　図2　　図3

字形说明　采直视角度，取器皿的形状造字。
画出器具的器身与底座，上头凹槽可放置食物（图1）；演变至今，字形线条结构改变：图1、图2→图3。

繁体	简体	英文

qì

氣　　气　air

字义说明 气体、气流；本义云气、云烟，今为气体泛称。许慎强调，气属象
形文字。与气有关的字，有汽、氛、氧等字；繁体字的氣，则在气
之下加了米，强调蒸煮米食谷类时所发出如云一般的气体。

说文解字 "气，云气也，象形。凡气之属皆从气。氣，馈客刍米也，从米，
气声。《春秋传》曰：'齐人来氣，诸侯许。'"

气　　乞　　气　　氣
图1　　图2　　图3　　图4

字形说明 采仰视角度，取气体流动之象造字。
以三条横线表示气体的流动（图1）；演变至今，字形线条结构未
变：图1、图2、图3→图4。

常用词汇 气势凌人　气味相投　气象万千

《天工开物》铸鼎。

《天工开物》造瓶。

汉字画十一

丰收之象

汉字好好玩

中国古时以农业为主，农作物的收成常受天气的影响，日照充足，水量足够才有可能丰收；若是遇上豪雨不断，或是久旱不雨，或是遭逢蝗灾，那年的农作物收成肯定不好。所以每当农作物丰收时，各族各村必会隆重地举办庆丰收的活动。庆典活动是村庄或全族重要的大事，所有村民族人必须出钱出力，一同参与这个盛事。庆典举办之时，家家户户会把最好的食物当成贡品献给神灵。丰（豐）的古字就像豆器上面装了禾穗等谷物，表示在庆丰收时把最上等的谷物供献给神灵，祈求神灵保佑未来一年风调雨顺，所以"丰"在中国是个吉祥的字。

竹制的吹奏乐器。

庆典活动中除了供奉神灵食物外，有时必须用歌声与舞蹈来娱悦神灵，唱歌时更要有音乐来烘托气氛。说到音乐就少不了伴奏的乐器，在古代有各式各样的乐器。中国有吹、弹、敲、拍等乐器，其中龠（yuè）是一种由竹管制成的吹奏乐器，古字最上面是代表嘴巴张大的样子，中间的口代表竹管的洞口，最下面则是将竹管绑在一块的意思；琴则属于弹奏的乐器，古字就是画出琴的侧面形状。

除了音乐之外，舞蹈也是庆典活动中的重要一环。舞蹈有时是为了娱悦神灵，所以舞者必须净身或者有特殊的装扮，有些则必须在舞者身上画一些符号，这些身上的符号称为文身，古字 （文）就是在一个人的胸前画上一些图案。某些部落认为文身是一种惩处，如战俘、奴隶或罪犯才会文身；但对某些族群而言，文身是为了装饰，让自己看起来更美、更醒目。

庆祝丰收，族人穿着华丽的衣服，手拿筛子在跳舞。

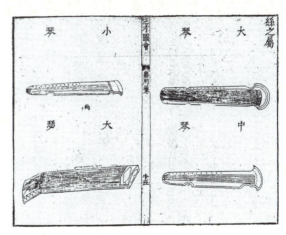

《三才图会》琴图。

说到舞蹈，舞的古字 像是一个人双手双脚张开，但双手拿的东西究竟是什么呢？有学者引用《吕氏春秋·古乐》："昔葛天氏之乐，三人操牛尾，投足以歌八阕。"将 解释为牛尾，但也有一说认为 指的是禾穗谷物。作者认为这两种都是有可能的，就看是在什么样的庆典，采用哪一种跳舞的道具。

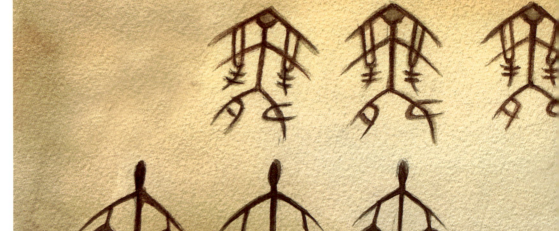

汉字画

为感谢神灵保佑农作物丰（豐）收，族人正在举办一场庆丰收的活动，大家开心地聚集在一起，有人弹琴（琴），有人吹奏龠（龠），有人身体文（文）身，有人跳舞（舞）。

这幅图介绍了丰（豐）、琴、龠、文、舞等。

繁体　简体　英文

fēng

豐　丰　abundant

字义说明　丰富、丰收；丰是豐的简化字，本义为草木茂盛。许慎解释，豐
　　　　　就像是在豆器上放满了食物。

说文解字　"豆之豐满者也，从豆，象形，一曰《乡饮酒》有豐侯者。凡豐之
　　　　　属皆从豐。"

豐　豐　豐　豐
图1　　图2　　图3　　图4

字形说明　采直视角度，取豆器与物品的形象造字。
　　　　　下半部画出豆器，上半部画出所放置的物品（图2）；演变至今，
　　　　　字形线条结构略有改变：图1、图2、图3→图4，属单一结构。

常用词汇　丰衣足食　丰功伟业　五谷丰登

繁体 簡体 英文

yuè

龠 龠 flute

字义说明 古代吹奏乐器之一；许慎解释，有三个孔的竹管乐器，可以用来搭
配其他乐器。与龠有关的字，有吁（籥）、钥（鑰）等。

说文解字 "乐之竹管，三孔，以和众声也。从品、龠。龠，理也。凡龠之属皆
从龠。"

龠 龠 龠
图1 图2 图3

字形说明 采直视角度，取人嘴巴之形与竹管乐器之形。
上面 ⌂ 代表人张大嘴巴，中间画出竹管的孔，下面是竹管绑
在一块（图1）；演变至今，字形线条结构略有改变：图1、图
2 → 图3，属上下结构。

繁体 簡体 英文

qín

琴 琴 string instrument

字义说明 乐器种类之一；许慎提到，琴为象形文字，琴为神农氏所作，一开
始有五根弦，至周代又加上两根弦，成为七弦琴。

说文解字 "禁也，神农所作，洞越，练朱五弦，周加二弦，象形。凡珡之属皆
从珡。"

珡 珡 珡 琴
图1 图2 图3 图4

字形说明 采直视角度，取琴侧面之形。
上面为琴弦，下面为琴架（图1）；演变至今，字形线条结构改变：
图1、图2、图3 → 图4，属上下结构。

常用词汇 琴瑟和鸣 对牛弹琴 琴棋书画

繁体　　简体　　英文

wén

文　　文　literature

字义说明　文化，文章，最初与文身有关，像交错的花纹。与文有关的字，有
斑、纹等。

说文解字　"错画也，象交文。凡文之属皆从文。"

图1　　图2　　图3

字形说明　采直视角度，取人正面之形造字。
画一个人正面手脚打开，胸前有文身（图1）；演变至今，字形线
条结构略有改变：图1、图2→图3。

常用词汇　文质彬彬　文过饰非　斯文扫地

wǔ

舞　舞　to dance

字义说明　跳舞；许慎解释，随着节奏手舞足蹈，由舛（chuǎn）和無组合
而成。

说文解字　"乐也，用足相背，从舛，無声。"

　　　　　　　　　图1　　　图2　　　图3

字形说明　采直视角度，取人跳舞之姿造字。
画一个人双手双脚打开，手持舞具（图1）；演变至今，字形线
条结构改变：图1、图2→图3，属上下结构。

常用词汇　龙飞凤舞　欢欣鼓舞　闻鸡起舞

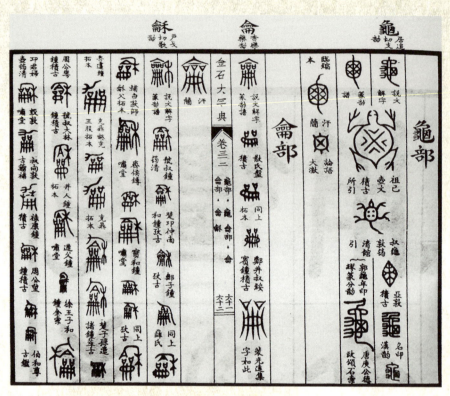

《金石大字典》龟的画法。

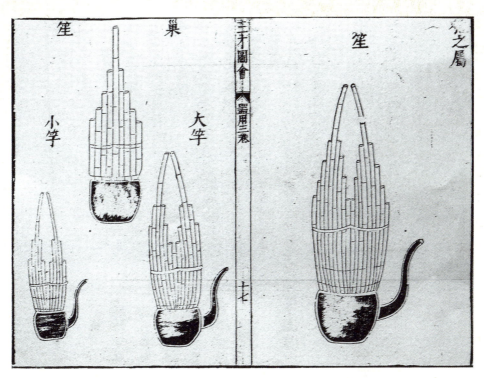

《三才图会》竹制乐器之一。

占卜之象

汉字
好好玩

中国出土的文物中，发现了大量的龟甲与兽骨，这些龟甲与兽骨上面刻着图画般的文字，我们称之为甲骨文。

根据后世研究，刻画在这些甲骨上的文字，有很多是记录当时的占卜内容，这足以说明殷商时期占卜文化的盛行。殷商人对鬼神特别崇拜，认为天地之间的万物都具有灵性，只要能接收到这些神灵的讯息，就可以趋吉避凶。但并不是每个人都有与天地鬼神沟通的能力，只有特殊的人才有这种能力，这类人被称为巫。通过巫与占卜来预测未来即将发生的事，这是

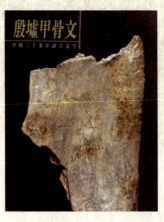

台北故宫博物院出版的《殷墟甲骨文》详细介绍了龟甲与兽骨从洗净到刻画一连串的过程。

殷商人生活中重要的事情。凡事都能占卜，如农作物收成、战事胜败、国运好坏、气候变化、后妃生产、皇帝梦境的吉凶、疾病等等，只要是人的能力无法解决的事情，都可以通过占卜来预测。

乌龟背甲与腹甲，甲骨文是刻在腹甲上。

古字巫的字形有多种解释，有人解释为在一个工的地方或台子上，有两双手正在进行与占卜有关的事；也有人认为是两个人站在祭祀台上做法事。不管以何种角度来解释，巫的角色就是与神

鬼沟通的人类代表。而巫进行占卜仪式的过程是神秘且严谨的，不仅需要斋戒沐浴，就连相关的占卜工具，像龟甲等都要洗净，如此才具灵性，占卜时才会灵验。

中国人喜欢到庙里，掷筊、抽签问事。

占卜开始的时候，必须先告知占卜的时间与占卜人的姓名，以及所欲占卜的事情，接着用火烧灼龟甲，龟甲烧灼后所出现纵横不一的裂痕 卜 称为卜兆，根据这些卜兆的形状来判定吉凶，或者预言未来的事情。占卜结束后，就会将占卜内容用刀刻在龟甲、兽骨上，作为一种记录，以便日后验证是否灵验。

纸尚未发明前，古人是在竹片上刻画文字，将写好的竹片用线串起来，成为竹简。

卜文或记录一开始是刻在龟甲、兽骨上，后来则是用毛笔写在竹片上，将写好的竹片一片片串起便成为册，古字 䇷 就是竹片用线串联而成的样子；将册放在桌上或捧在手里，就成了典这个字。甲骨文的典有两种表现方式：第一种是 ，表示双手捧着册；第二种是 ，表示将册放在桌子 之上。不管用手捧还是放在桌上，典与册最后都成为书籍的代表，所以有书册、典籍等词汇。

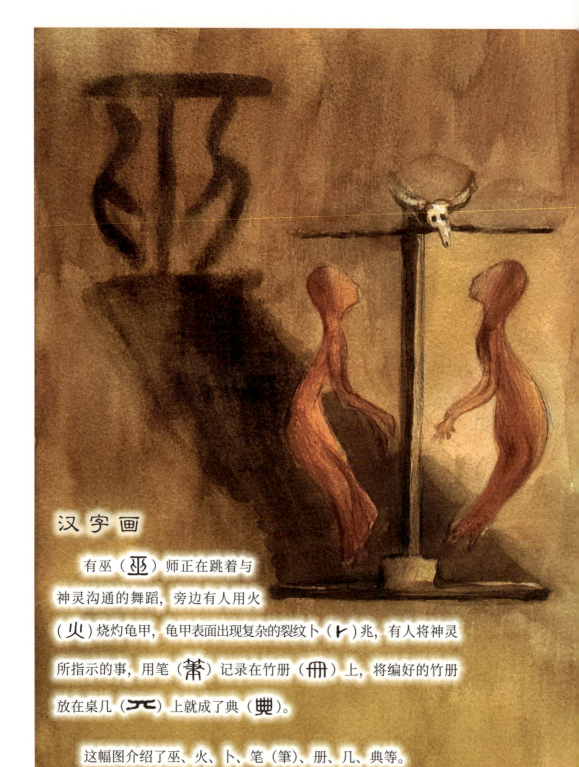

汉字画

　　有巫（巫）师正在跳着与神灵沟通的舞蹈，旁边有人用火（火）烧灼龟甲，龟甲表面出现复杂的裂纹卜（卜）兆，有人将神灵所指示的事，用笔（笔）记录在竹册（册）上，将编好的竹册放在桌几（几）上就成了典（典）。

　　这幅图介绍了巫、火、卜、笔（笔）、册、几、典等。

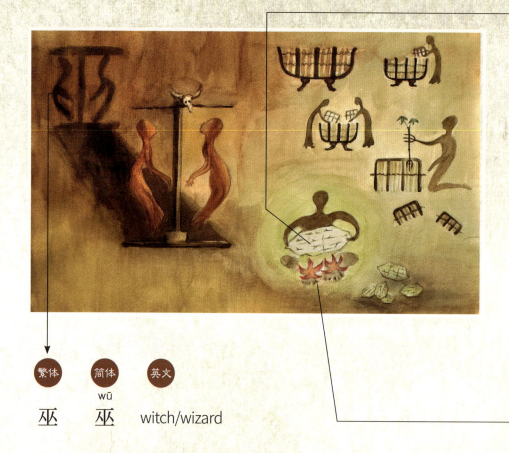

繁体	简体	英文
	wū	
巫	巫	witch/wizard

字义说明 巫师；许慎解释，巫是女祝，通过跳舞可与神灵沟通。与巫有关
的字，有诬、鹀（wú）、觋（xí）、筮（shì）等。

说文解字 "祝也，女能事无形，以舞降神者也。象人两褎（注：xiù，同袖）舞
形，与工同意。古者巫咸初作巫。凡巫之属皆从巫。"

巫　巫　巫
图1　　图2　　图3

字形说明 采直视角度，取巫做法事的工具之形造字。
巫有多种表示法：其一，画出"工"这个法事台子与做法事的道具
（图1）；其二，两个人站在法事台子上（图2）；演变至今，字
形线条结构改变：图1、图2→图3。

常用词汇 巫师　大巫见小巫

繁体	简体	英文
	bǔ	
卜	卜	divine

字义说明 占卜；许慎解释，用火烧灼龟甲后，在龟甲上出现纵横不一或交叉的裂纹。与卜有关的字，有占、卦。

说文解字 "灼剥龟也，象灸龟之形。一曰象龟兆之從（注：同纵）横也。凡卜之属皆从卜。"

图1　　　图2　　　图3　　　图4

字形说明 采直视角度，取裂纹的纹路造字。
画出龟甲用火烧过后所出现的裂痕纹路（图1）；演变至今，字形线条结构略有改变：图1、图2、图3→图4。

常用词汇 未卜先知　求神问卜　生死未卜

繁体	简体	英文
	huǒ	
火	火	fire

字义说明 燃烧发出的光和焰；许慎解释，火字就像火焰的样子，属象形文字。与火有关的字，有炎、烧、焚、灭等。

说文解字 "燬也，南方之行，炎而上，象形。凡火之属皆从火。"

图1　　　图2　　　图3

字形说明 采直视角度，取木柴燃烧时火焰的样子造字。
画出火焰的轮廓（图1）；演变至今，字形线条结构改变：图1→图2、图3。

常用词汇 水火不容　火上浇油　如火如荼

繁体	简体	英文
几	几 jī	taboret

字义说明　小桌子。

说文解字　"几，踞几也，象形。《周礼》五几：玉几、雕几、彤几、鬃（xiū）几、素几。凡几之属皆从几。"

$\gamma\!\!\uparrow$　几

图1　　　图2

字形说明　采直视角度，取小桌子的形状造字。
画出桌面与两只桌脚（图1）；演变至今，字形结构略有改变：图1→图2。

常用词汇　窗明几净

繁体	简体	英文
	bǐ	
筆	笔	pen

字义说明 用来书写的工具；许慎解释，笔是由聿这个字而来，聿是手拿毛笔的样子。与聿有关的字，有笔（筆）、书（書）、画（畫）等。

说文解字 "秦谓之筆，从聿，从竹。徐锴曰：'笔尚便聿，故从聿。'"

$$\text{聿} \qquad \text{筆}$$
图1　　　图2

字形说明 采直视角度，取手持笔的样子造字。
画出一把竹制的笔，中间是拿笔的手（图1）；演变至今，字形线条结构改变：图1→图2，属上下结构。

常用词汇 神来之笔　妙笔生花　一笔勾销

繁体	简体	英文
	cè	
冊	册	book

字义说明 书籍；许慎解释，册是古代的书籍，由多片竹片合并而成，中间用两条线固定。与册有关的字，有栅、删等。

说文解字 "符命也，诸侯进受于王也。象其札（zhá）一长一短，中有二编之形。凡册之属皆从册。"

$$\text{册} \qquad \text{冊} \qquad \text{冊}$$
图1　　　图2　　　图3

字形说明 采俯视角度，取册的形状造字。
将竹片并排，中间用线串编而成（图1）；演变至今，字形线条结构改变：图1、图2→图3。

常用词汇 人手一册　册封　册立

繁体	简体	英文

diǎn

典　　典　institution

字义说明　典章古籍；许慎解释，典是五帝时代的书，亦是指将册放在丌
（注：丌，桌几）之上。

说文解字　"五帝之书也，从册在丌上，尊阁之也。庄都说：典，大册也。"

𠔋　　典　　𠔓　　典
图1　　图2　　图3　　图4

字形说明　采直视角度，取册放置几上之形造字。
典字有两种画法：其一，像双手捧着册（图1）；其二，是将册放
在几案之上（图3）；演变至今，字形线条结构改变：图1、图2、
图3→图4，属上下结构。

常用词汇　数典忘祖　引经据典　明正典刑

祭祖之象

汉字
好好玩

在远古时代，人死之后是将尸体丢弃至荒山野外；但随着人类文明的进展，各民族也发展出不同的葬仪，如土葬、火葬、水葬、树葬、天葬、瓮葬、二次葬、截体葬等等，在中国则以土葬为主。相较于其他的葬仪，土葬的礼俗最为繁杂，土葬的方式也常因地区不同而有所差异，有些区域是直接在地面往下挖个坑，将棺木放入坑内，再覆盖上沙土；若在潮湿的地区，土葬方式又有不同，会特别注意排水问题，事先在地面铺上石砾(li)，将棺木放在石砾上头，再覆盖沙土，这样可以顺利排水，避免因潮湿导致死者的身体泡在水里。土葬地点通常会远离人群居住地，所以你在山区或郊区所见到一个一个的小土堆，很可能就是一座座的坟墓。

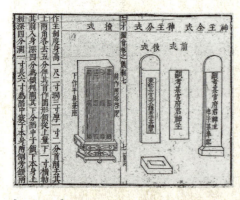

《三才图会》牌位介绍。

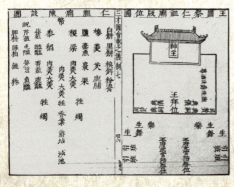

《三才图会》宗庙祭祖的介绍。

是土这个字的古字，许慎的解释，像生物从地面上长出来的样子。这样的解释，作者觉得不够生动，所以作者将视为小土堆的样子，并将这些小土堆当成是一个一个的坟墓，这样的设计或许可以对有较直接的联想与理解。

当坟建好后，需要在坟前立个墓碑，墓碑上头会刻着死者的姓名与生卒年代。常见的墓碑形状为长方形，而古字 昰 有多种解释，有学者就将 昰 解释为一座高起的坟墓；也有学者认为 昰 是指男性的生殖器官，又代表着祖先，有延续后代的意思。

作者在这幅汉字画中，将 昰 当成墓碑，这同样有代表祖先、先人的含义，有利于学习者对"祖"这个字的认识。

门神是守卫门户的神灵。

中国人的土葬，其实也反映了中国人的灵魂观。人死后的形象称为鬼，中国人认为每个人都有三魂七魄，这三条魂在死后会归于三个地方：一是埋葬身体的坟墓；二是家里祭祀的牌位；第三条魂则会依死者生前的作为而定，生前为善者归于天堂，作恶多端者则入地狱。而许慎解释，人死后的形象称为鬼，古字 鬼 就是画一个人，头部是一个大且奇怪的形体；若是生前有做好事就会变成神，神是申的分化字，申的古字 ﻮ 、 ﻳ 与电的古字有些相似，这是因为古人相信祖先变成神灵后是以 ﻮ 、 ﻳ 的形象显现。《说文解字》提到"天垂象，见吉凶，所以示人也"，神灵以 ﻻ 的符号来提醒吉凶之事，其后 ﻻ 演变为 示 ，就成了示这个字。后世将 示 与 ﻳ 组合后成了"神"这个字；将 示 与 昰 组合起来就成了祖先的"祖"字。

汉字画

在荒郊野外，眺望远处发现一个个突出的小土（ ）堆，近看原来是一座座坟墓，在每座坟墓前竖立着一块墓碑（ ），在架子上放满了祭祀品，坟墓周围可以感受到神（ ）与鬼（ ）的围绕，正在显示（ ）一些预兆。

这幅图介绍了土、且、申、鬼、示、祖、神等。

繁体　简体　英文

shì

示　示　to show

字义说明　显示，展示；许慎解释，古字示的三条线代表日月星对人的警示，从这三条线可以判断吉凶。作部首时多以"礻"表示，与示有关的字，有禁、祝、福、祭、祖、神等。

说文解字　"天垂象，见吉凶，所以示人也。从二，三垂，日月星也。观乎天文以察时变，示神事也。凡示之属皆从示。"

示　示　示
图1　　图2　　图3

字形说明　采仰视角度，取三条光线造字。
上面一横代表天，下面三条光线（图1）；演变至今，字形线条结构改变：图1、图2→图3，属单一结构。

常用词汇　不甘示弱　告示

繁体	简体	英文
	qiě	
且	且	and

字义说明 今有暂且、而且之意；祖的本字，字形像一块墓碑；许慎解释，像几之形。与且有关的字，有祖、俎等。作者在此将且视为墓碑之形，又有祖宗的意思。

说文解字 "荐也，从几（几），足有二横，一其下地也。凡且之属皆从且。"

图1　　　图2　　　图3

字形说明 采直视角度，取墓碑之形。
画出墓碑外轮廓（图1）；演变至今，字形线条结构略有改变：图1、图2→图3。

常用词汇 得过且过　穷且益坚　苟且偷生

繁体	简体	英文
	zǔ	
祖	祖	ancestor

字义说明 祖先、祖宗；许慎解释，祖是由示与且组合而成。

说文解字 "始庙也，从示，且声。"

祖　　　祖　　　祖

图1　　　图2　　　图3

字形说明 采直视角度，由示与且组合。
字形线条结构略为改变：图1、图2→图3。

常用词汇 列祖列宗　开山鼻祖　数典忘祖

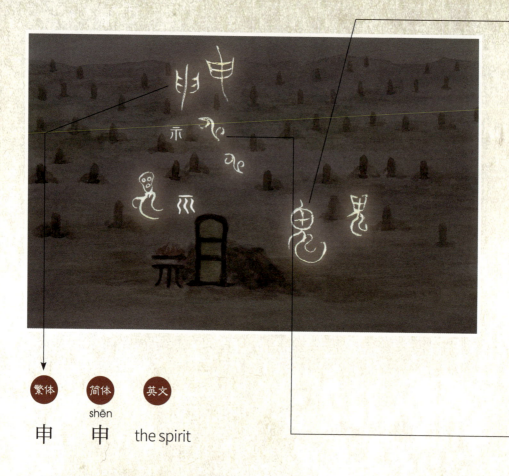

繁体　简体　英文

shēn

申　申　the spirit

字义说明　地支的第九位，亦指时间下午三点至五点；许慎解释，申代表神的意思。与申有关的字，有神、伸、呻等。

说文解字　"神也，七月，阴气成，体自申束，从臼（jiù），自持也。吏臣鋪（bū）时听事，申旦政也。凡申之属皆从申。"

图1　　图2　　图3　　图4　　图5

字形说明　采仰视角度，取空中光线之形造字。
画出类似闪电的样子（图1）；演变至今，字形线条结构改变：图1、图2、图3、图4→图5。

常用词汇　三令五申　小屈大申

繁体	简体	英文

guǐ

鬼　鬼　ghosts

字义说明　鬼魂；许慎强调，人死后称为鬼，所以鬼的造字上面是可怕的头形，下面保有人体之形。与鬼有关的字，有魅、魂等。

说文解字　"人所归为鬼，从人，象鬼头。鬼阴气贼害，从厶。凡鬼之属皆从鬼。"

罢　　咒　　魂　　鬼
图1　　图2　　图3　　图4

字形说明　采直视角度，取鬼的样子造字。
上面画出一个大大的鬼头，下面则画一个人侧跪的样子（图1）；
演变至今，字形线条结构改变：图1、图2、图3→图4。

常用词汇　鬼灵精怪　　人小鬼大　　鬼鬼祟祟　　疑神疑鬼

繁体	简体	英文

shén

神　神　god

 + 　

字义说明　神明、神灵；许慎解释，神是由示与申组合而成。

说文解字　"天神，引出万物者也。从示，申声。"

己　　禑　　神　　神
图1　　图2　　图3　　图4

字形说明　采仰视角度，取示与申之形组合造字。
取闪电之形（图1），示与闪电结合（图2）；演变至今，字形线条
结构改变：图1、图2、图3→图4。

常用词汇　屏气凝神　　神清气爽　　出神入化　　神出鬼没

繁体	简体	英文
土	tǔ 土	soil

字义说明 泥土；许慎解释，表示生物从地下长出来。与土有关的字，有块、堆、圭等。

说文解字 "地之吐生物者也。二象地之下、地之中；丨，物出形也。凡土之属皆从土。"

图1　　　图2　　　图3　　　图4

字形说明 采直视角度，取土壤由平地隆起的样子造字。
下面一横表平地，上面凸起表土坡（图2）；演变至今，字形结构改变：图1、图2→图3、图4。

常用词汇 挥金如土　卷土重来　灰头土脸

汉字画十四

舟船之象

汉字
好好玩

中国地大物博，山川湖泊众多，水域广阔。先民发明了各式各样的渡水工具，而最初的船指的是简单的独木舟与筏。

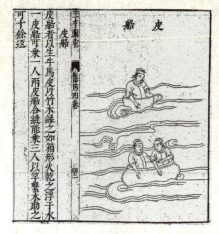

《三才图会》皮船。

竹筏不仅轻巧易于浮在水面上，而且容易制作。

住在河边的人家，与外界联系就靠停在家门口前的那艘独木舟。

独木舟是取一根大树干，用斧头或刀子将中间斫削出一个长槽，再反复地刨削将树干挖出一定的深度，人坐在槽中即可浮水。筏的制作方式也不难，会因地区而异，中国东南地区最常见到的是竹筏，因为竹子特性轻巧又坚韧，用火稍微烘烤一下便容易塑形与制造；而在畜牧业发达的地区就用动物的皮制成皮筏。

舟的古字 **月** 就像是一条船的形状。不过，当独木舟与筏渐渐无法满足先民的需要，便发展出木板船与帆船。木板船形体比独木舟和筏大一些，所以可运载较多的人与货；若是行经风浪大的流域，则必须靠帆来掌控方向，帆船就此产生，古字用 **巾**（巾）来表示帆的形状，像是在一根木头上挂了一块布，船上的巾演变至今，则以帆来代表。帆船可以靠风力行驶，一般的船则必须靠人力划桨，古字 （比）就像是两人肩并肩坐在一块；而古字 是北这个字，字形犹如两个人背对背坐着，后来在北下面加了个月，就成了背这个字。

模型船，船的中央有两片风帆。

　　作者在设计本幅汉字画时，特别将比与北两字放在一块介绍，主要可以强调两字的差异，又可增添趣味性。

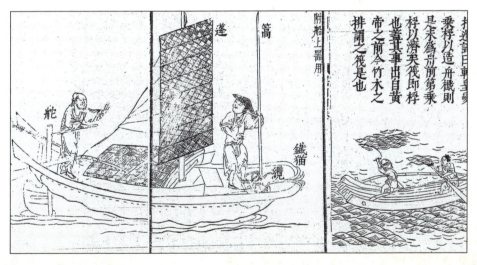

《三才图会》中船的介绍。

汉字画

远眺山间湖水，湖面上漂着许多扁舟（舟），有人肩并肩比（比）邻而坐划船，有人背对背坐着钓鱼，船慢慢往北（北）方划去，有的船扬起风帆（帆），有的船则架上伞（伞）以遮阳。

这幅图介绍了舟、比、北、帆、伞（伞）等。

繁体	简体	英文
	fān	
帆	帆	sail

字义说明 船帆。

(说文解字) 无。

帆

图1

字形说明 采直视角度，取帆扬起之形状造字。
画出木杆与帆面（图1）；属左右结构。

常用词汇 一帆风顺　千帆竞发

běi

北　北　north

字义说明 北方；许慎强调，古字北最初是指两人背靠着背。

说文解字 "菲（注：guāi，同乖）也，从二人相背。凡北之属皆从北。"

 图1　图2　图3　图4

字形说明 采直视角度，取两人背部相靠侧面之姿。
画出两人背部相靠（图1）；演变至今，字形结构略有改变：图1、
图2、图3→图4，属左右结构。

常用词汇 南腔北调　南辕北辙　南征北战

bǐ

比　比　compare

字义说明 比较；许慎解释，古字比是指两人紧密相连一起。

说文解字 "密也，二人为从，反从为比。凡比之属皆从比。"

 图1　图2　图3

字形说明 采直视角度，取两人面朝同一边坐在一起造字。
画出两人相连在一起（图1）；演变至今，字形线条结构略有改变：
图1、图2→图3，属左右结构。

常用词汇 比比皆是　无与伦比　今非昔比

繁体	简体	英文
	sǎn	
傘	伞	umbrella

字义说明　用以遮阳挡雨之工具。

说文解字　无。

傘　　伞
图1　　图2

字形说明　采直视角度，取一把伞之形状造字。
上面是伞张开的样子，中间是伞架（图 1）；属上下结构。

常用词汇　火伞高张　收旗卷伞　雨后送伞

繁体　简体　英文

zhōu

舟　舟　boat

字义说明　船；许慎强调，舟是象形文字，在古时把木材剖开挖空制成船身，
　　　　　　再把木材削制成船桨。与舟有关的字，有舶、般等。

说文解字　"船也，古者共鼓货狄，刳（kū）木为舟，剡（yǎn）木为楫（jí），
　　　　　　以济不通，象形。凡舟之属皆从舟。"

$$\text{凡}\quad\text{舟}\quad\text{舟}\quad\text{舟}$$

图1　　图2　　图3　　图4

字形说明　采俯视角度，取船之形造字。
　　　　　　画出船身（图1）；演变至今，字形线条结构改变：图1、图2、图
　　　　　　3→图4。

常用词汇　顺水推舟　破釜沉舟　风雨同舟

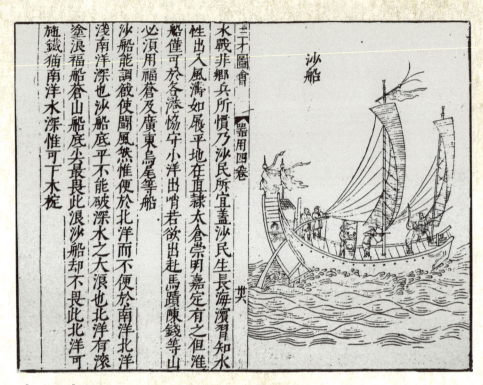

沙船

施鐵貓南洋水深惟可下木椗

塗南洋福船蒼山船底尖最畏此浪沙船却不畏此北洋可

淺南洋深也沙船底平不能破深水之大浪也北洋有滾

沙船能調戧使鬭風然惟便於北洋而不便於南洋北洋

必湏用福蒼及廣東烏尾等船

船僅可於各港惴守小洋出哨若欲出赴馬蹟陳錢等山

性出入風濤如履平地在直隸太倉崇明嘉定有之但淮

水戰非鄉兵所慣乃沙民所宜蓋沙民生長海濱習知水

三才圖會 ｜ 器用四卷 ｜ 共

《三才图会》中船的介绍。

汉字画十五

方位之象

汉字
好好玩

远古时期，人们靠观察太阳与北极星的位置来判断方向，随着生活智能的累积，慢慢发掘其他的辅助工具来协助判别方位。

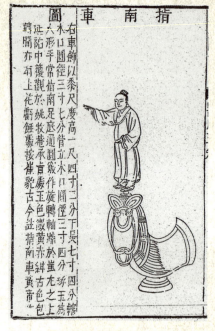

《三才图会》古代指南车造型。

相传在战国时期发明了指南针，当时称为司南。后人将指南针的磁石放置于刻有方位的木盘上，就成了罗盘。罗盘不只对世界航海业发展有极大的帮助，更影响了中国的堪舆（风水）术。中国人深信天地之间充满了磁场，如果能利用罗盘找出最好的磁场，将有助于人身体健康、运势的发展。

确定方向是件重要的事，所以在文字发展初期，就出现了一些与方向位置有关的文字，例如，上、下、左、右、中这几个字。古字 **上**、**下** 分别代表上与下。若仔细研究，可以发现将古字 **上** 的上半部往下一扳就成了 **下**，若将 **上**、**下** 组合起来就成了"卡"这个字，代表不上又不下，卡住了。

由于文字发展初期尚未定型，常会出现字形相似，但方向却不同，甚至相反的象形文字。古字 **手**、**毛**、**长**、**大** 都代表手，有时画的是左手，有时画的是右手，为了避免左右不分的情况，只好借助其他的形象来表示。因此，右的古字 **司** 是画一只手下面有一个口，而左的古字 **左** 则是画一只手下面是个工。

　　作者为了加深对右、左、中三字的印象，特别设计了一幅工人在船上调整桅杆的景象，右边有一个工人手与口并用，手用力拉绳，嘴巴还咬着绳子；左边的工人则用手将绳索绕在工架上；而船的正中间是一根旗杆，中的古字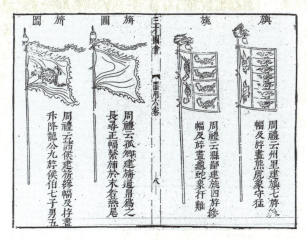就像旌旗在旗杆上随风飘扬，代表中间、中央的意思。

《三才图会》旗子。

迎风飘扬的旗子。

汉字画

商船停在岸边，码头工人正在调整帆的位置
与方向，有人喊往上（上）一点儿，往下（下）
一点儿，刚好卡（卡）在正中（中）央，左（左）
边的工人用手将绳索绕在工架上，右（右）边的工人
手用力拉绳索，嘴巴咬住绳子。

这幅图介绍了上、下、卡、中、左、右等。

繁体	简体	英文
	shàng	
上	上	above

字义说明　上面，高处。

说文解字　"二，高也，此古文上，指事也。凡二之属皆从二。𠄞，篆文上。"

二　𠄞　上　上
图1　图2　图3　图4

字形说明　采直视角度。
　　　　　　画上短下长（图1）；演变至今，字形结构改变：图1→图2、图3、图4。

常用词汇　上山下海　纸上谈兵　成千上万

繁体   简体   英文

zhōng

中   中   middle

字义说明 中间，与四周上下左右之距离相等，古字为一面旗子之形；许慎解
释，由口与丨组合而成。与中有关的字，有仲、忠、盅、衷等。

说文解字 "内也，从口，丨，上下通。"

图1   图2   图3   图4

字形说明 采直视角度，旗子正飘扬的样子造字。
画出中间的旗杆，旗面与上下各两条飘扬的线（图1）；演变至今，
字形线条结构改变：图1、图2、图3→图4。

常用词汇 中流砥柱　雪中送炭　美中不足

繁体   简体   英文

xià

下   下   below

字义说明 下面，低处。

说文解字 "二，底也，从反二为二。丅，篆文下。"

图1   图2   图3   图4

字形说明 采直视角度。
画上长下短（图1）；演变至今，字形结构改变：图1→图2、图3、
图4。

常用词汇 下不为例　寄人篱下　甘拜下风　骑虎难下

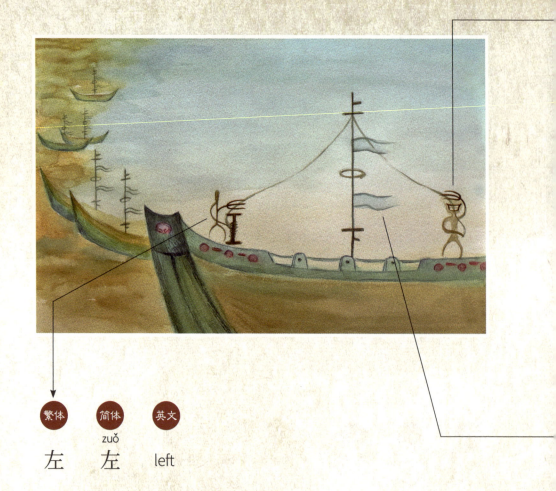

繁体	简体	英文
	zuǒ	
左	左	left

字义说明　左边；许慎解释，由广（zuǒ）与工组合而成。与左有关的字，有佐等。

说文解字　"手相左助也，从广、工。凡左之属皆从左。"

图1　　图2　　图3

字形说明　采直视角度，取手与工之形。
上面画一只手，下面画一个工架（图1）；演变至今，字形线条结构改变：图1、图2→图3。

常用词汇　左顾右盼　旁门左道　左右逢源

繁体　简体　英文

yòu

右　右　right

字义说明　右边；许慎解释，由又与口组合而成。与右有关的字，有佑、祐等。
说文解字　"助也，从口，从又。"

灵　司　右
图1　图2　图3

字形说明　采直视角度，手与口之形。
　　　　　上面画一只手，下面画一个口（图1）；演变至今，字形线条结构
　　　　　改变：图1、图2→图3。
常用词汇　无出其右　左右开弓　左右为难

繁体　简体　英文

kǎ

卡　卡　stuck

字义说明　卡住，不上不下。
说文解字　无。

卡
图1

字形说明　采直视角度，上下两字组合。
　　　　　画出上与下（图1）。
常用词汇　层层关卡